Strategien gegen Gentrifizierung

für die *Stadt von Unten*

Lisa Vollmer

Strategien gegen Gentrifizierung

Reihe
theorie.org

Schmetterling Verlag

Bibliografische Informationen der Deutschen Nationalbibliothek
Die Deutsche Nationalbibliothek verzeichnet diese Publikation in der Deutschen Nationalbibliografie; detaillierte bibliografische Daten sind im Internet über http://dnb.d-nb.de abrufbar.

Schmetterling Verlag GmbH
Libanonstr. 72A
70184 Stuttgart
www.schmetterling-verlag.de
Der Schmetterling Verlag ist Mitglied von aLiVe,
der assoziation Linker Verlage.
ISBN 3-89657-688-7
1. Auflage 2018
Printed in the Czech Republic

Satz und Reproduktionen: Schmetterling Verlag
Druck: EuroPB, Príbram

Inhalt

Vorwort

Warum noch eine Einführung zum Thema Gentrifizierung? Mit Andrej Holms «Wir bleiben Alle! Gentrifizierung – städtische Konflikte um Aufwertung und Verdrängung» (Holm 2010b) und Christoph Twickels «Gentrifidingsbums. Oder eine Stadt für Alle» (Twickel 2010) liegen bereits zwei Bücher vor, die leicht verständlich in das Phänomen Gentrifizierung einführen. Seit ihrem Erscheinen im Jahr 2010 sind jedoch nicht nur neue Debatten in der Gentrifizierungstheorie geführt worden, sondern auch eine ganze Reihe an Publikationen erschienen, die die Strategien von Mieter_innenprotesten[1] gegen Gentrifizierung beschreiben. Ganze Bücher (z. B. Rinn 2016, Dzudzek 2016), wissenschaftliche Aufsätze (z. B. Vollmer 2015, Vogelpohl et al. 2017, Birke/Hohenstatt/Rinn 2015) und Eigenpublikationen der Bewegung (z. B. Arbeitskreis Umstrukturierung Wilhelmsburg 2013, Kotti & Co / Cruz / Forman 2015, Gängeviertel e.V., 2012) reflektieren die Praktiken, mit denen sich Mieter_innen gegen ihre Verdrängung wehren.

Auf diese neuen Debatten und Publikationen aufbauend möchte dieses Buch einen aktuellen Überblick über Gentrifizierung und die Proteste dagegen in Deutschland geben. Der erste Teil des Buches setzt sich mit der Inwertsetzung der Stadt auseinander: Gentrifizierung wird definiert, ihre Folgen kritisch beleuchtet und verschiedene Erklärungsansätze und Abläufe von Gentrifizierung vorgestellt. Im zweiten Teil des Buches geht es um Strategien gegen diese Inwertsetzung der Stadt. Anhand konkreter Beispiele wird beschrieben, wie sich Mieter_inneninitiativen gründen und welche Narrative, Forderungen, Aktionen und konkrete Utopien sie in ihrem Kampf einsetzen.

Für die Illustration verschiedener Gentrifizierungsarten und -abläufe verwende ich Beispiele deutscher Städte. Deren Auswahl war stark eingeschränkt: Nicht für viele Städte bzw. Stadtteile liegen empirische Studien zu Gentrifizierungsprozessen vor. Das heißt aber nicht, dass Gentrifizierung sich in Deutschland auf einige wenige Metropolen beschränkt. Ob es zu einer

1 Im diesem Buch werden natürliche Personen gegendert. Wo jedoch juristische Personen – wie Eigentümer oder Vermieter – gemeint sind, wird auf das Gendern verzichtet.

Stadt Publikationen gibt, hängt vielmehr von den Interessen von Forscher_innen, ihrer institutionellen Anbindung und den Forschungsmitteln ab, die überhaupt für bestimmte Themen bewilligt werden. Wenn die Beispiele im ersten Teil des Buches also vor allem aus Frankfurt am Main und Berlin kommen, sagt dies mehr über bestimmte Forschungsinstitute aus als über den Stand der Gentrifizierung in München, Stuttgart, Leipzig oder Bremen.

Ebenso folgt die Auswahl der Beispiele von Mieter_innenprotesten im zweiten Teil des Buches einer bestimmten Logik. Ich habe versucht, Initiativen aus möglichst vielen Städten miteinzubeziehen. Da dieses Buch – außer für die Berliner Beispiele – aber nicht auf eigener Feldforschung beruht, war ich auch hier auf veröffentlichte Informationen angewiesen. Für viele Mieter_inneninitiativen ist es schlicht nicht prioritär, ihre Aktionen und Strategien reflektierend zu beschreiben, oder es fehlen die Ressourcen dazu. Die Konzentration der Fallbeispiele aus größeren Städten – hier besonders Berlin und Hamburg – sagt wiederum nichts darüber aus, wo es überall aktive Mieter_innenbewegungen und Gruppen gibt. Außerdem unterliegt auch die Art der dargestellten Gruppen einer Verzerrung. Da ich auf das Vorhandensein reflektierender Texte angewiesen war, sind viele der dargestellten Beispiele Gruppen, in denen Akademiker_innen mit Schreiberfahrung und -willen aktiv sind. Die vielen Gruppen, in denen sich Mieter_innen mehr oder weniger unbemerkt von der (akademischen) Öffentlichkeit gegen ihre Vermieter wehren, sind auch in diesem Buch unterrepräsentiert. Ausgehend von meiner eigenen Forschung in Berlin habe ich versucht, diesen Missstand durch die abstrahierte Beschreibung der Gründung einer Mieter_inneninitiative in Kapitel 4 zumindest teilweise zu beheben. Die Beschreibung der Strategien gegen Gentrifizierung, die von Mieter_innengruppen zum Einsatz kommen, erhebt keinen Anspruch auf Vollständigkeit. Im Gegenteil: Ich bin mir sicher, dass es noch viel mehr davon gibt.

Dieses Buch möchte deshalb ein Anstoß für Initiativen sein, ihre Strategien auszutauschen, ihre Proteste zu vernetzen, ihre politischen Forderungen und ihre konkreten Utopien zu kollektivieren. Mein Wunsch ist es außerdem, dass dieses Buch junge Aktivist_innen und Akademiker_innen anspricht und motiviert, ihre Zeit und ihren Kompetenzen in den Kampf für eine Stadt von unten zu stecken.

Die Inwertsetzung der Stadt...

1. Gentrifizierung. Ein umstrittener Begriff

Definitionen und Debatten

Biomarkt statt Aldi, Boutique statt Kiosk, kristallzuckerfreies Pistazieneis statt Bum Bum, der kleine Italiener statt dem türkischen Imbiss, auf dem Spielplatz Sören statt Mehmet: So oder so ähnlich wird Gentrifizierung in der Presse gerne oberflächlich beschrieben. Aber was versteckt sich hinter dem kompliziert klingenden Begriff?

Klar ist, es geht darum, dass sich etwas verändert, etwas durch etwas anderes ersetzt wird, um einen Wandlungsprozess. Aber geht es bei Gentrifizierung tatsächlich nur um einen Wandel des Konsumangebots in einer Nachbarschaft, auf das sich das Feuilleton so gerne konzentriert? Im Alltagsverständnis wird Gentrifizierung vor allem als kultureller Wandel gedacht. Die Schuld an der Veränderung wird «Gentrifiern» und hippen Bars gegeben, Lebensstile und Konsumpraktiken stehen im Mittelpunkt der Beschreibungen. Politökonomische Erklärungen für Gentrifizierung, die weite Teile der (kritischen) Forschung zum Thema dominieren, kommen kaum vor. Dabei heißt Gentrifizierung vor allem eines: Die Verdrängung ärmerer Bevölkerungsschichten aus ihrer Nachbarschaft.

Der wohl bekannteste deutschsprachige Gentrifizierungsforscher Andrej Holm drückt das so aus: «Gentrification ist jeder stadtteilbezogene Aufwertungsprozess, bei dem immobilienwirtschaftliche Strategien der Inwertsetzung und/oder politische Strategien der Aufwertung den Austausch der Bevölkerung für ihren Erfolg voraussetzen. Verdrängung ist das Wesen und kein ungewollter Nebeneffekt der Gentrification» (Holm 2014b: 102). Unter Gentrifizierung wird also das Zusammenspiel der Aufwertung der baulichen Infrastruktur und der Verdrängung ärmerer Bevölkerungsschichten durch wohlhabendere verstanden. Mit Aufwertung der baulichen Infrastruktur ist zum Beispiel die Modernisierung von Wohnhäusern oder die

Renovierung eines öffentlichen Parks gemeint. In der kapitalistischen Stadtproduktion setzt in Folge ein Gentrifizierungsprozess ein, die Mieten steigen und ärmere Leute müssen wegziehen. Aber warum heißt das ganze Gentrifizierung?

Den Begriff hat die britische Soziologin Ruth Glass 1964 in einer Studie über den Londoner Stadtteil Islington erfunden: «Große Häuser im victorianischen Stil, heruntergewirtschaftet in früheren Perioden – die als Lagerhäuser oder in anderer Form genutzt wurden – wurden ein weiteres Mal aufgewertet. Sobald dieser Prozess der ‹Gentrification› in einem Gebiet beginnt, setzt er sich unaufhörlich fort, bis alle oder die meisten der bisherigen Arbeiterklasse-Bewohner [sic] vertrieben sind und sich der gesamte soziale Charakter des Viertels ändert» (Glass 1964 zitiert nach: Holm 2010b: 51f). Der Begriff leitet sich vom englischen *gentry* ab, der den niederen Landadel und das gehobene Bürgertum in Großbritannien bezeichnet. Diese gehobenen Schichten ziehen in ein von Arbeiter_innen bewohntes Viertel, renovieren die Häuser und gentrifizieren es dadurch. Schon im Wort Gentrifizierung ist also der Austausch der armen Bevölkerung durch eine höhere Schicht festgeschrieben. Ruth Glass beschreibt die Entwicklung in der Londoner Nachbarschaft noch als besonderes Phänomen. Heute ist Gentrifizierung zu einer globalen Strategie geworden.

Gentrifizierung wurde also als ein analytischer, wissenschaftlicher Begriff eingeführt. Schon bald entspann sich in der Wissenschaft des anglo-amerikanischen Raums eine rege Debatte um die Definition von Gentrifizierung, vor allem aber um die Erklärung der Ursachen von Gentrifizierung (→ Kap. 2).

In Deutschland befassten sich erste Studien zu Gentrifizierung ab den späten 1980ern mit den Folgen von Stadterneuerung und Großprojekten (Blasius/Dangschat 1990, Dangschat 1988a, Friedrichs/Kecskes 1996). Auch hier entwickelte sich Gentrifizierung bald zum umstrittenen Begriff.

Die akademische Debatte streitet sich beispielsweise seit den 1990er-Jahren über die Frage, ob man es in Berlin mit Gentrifizierung zu tun habe. Dieser Streit veranschaulicht welche Konsequenzen verschiedene Definitionen von Gentrifizierung haben können (Bernt/Holm 2010). Anfang der 1990er-Jahre wurde der Begriff zum ersten Mal breit in der Wissenschaft verwendet. Ohne genau zu spezifizieren, was mit Gentrifizierung gemeint ist, wurden massive Gentrifizierungsprozesse für Berlin vorausgesagt. Der Begriff wurde dabei kritisch verwendet: Gentrifizierung und die sozialräumliche Umstrukturierung der Stadt wurden befürchtet, nicht herbeigesehnt, wie später von manchen Politiker_innen. In den späten 1990er-Jahren konstatierten einige junge Wissenschaftler_innen das Einsetzen erster Gentrifizierungswellen in Berlin. Die hegemoniale wissenschaftliche Debatte stritt dies allerdings ab. In manchen Häusern sei zwar ein Austausch der Bewohner_innen zu beobachten, gleichzeitig würden aber andere Häuser weiter verfallen. Der Vielschichtigkeit von Gentrifizierungsprozessen wurde nicht Rechnung getragen. Die Politik nahm diese Diagnose dankbar auf, um ihre Aufwertungspolitik von dem Vorwurf der Verdrängung frei zu sprechen. In den 2000er-Jahren erschienen zwar einige Studien zur Gentrifizierung in Berlin, diese beschäftigten sich aber mehr mit neu zuziehenden Personengruppen als mit den Verdrängten oder den Mechanismen der Gentrifizierung. Damit hatte sich die akademische Debatte weitgehend von einer kritischen, politisch intervenierenden Perspektive verabschiedet. Heute dagegen gibt es wieder hörbare kritische Stimmen in der Wissenschaft. Forscher wie Matthias Bernt, Andrej Holm, Anne Vogelpohl und Sebastian Schipper – um nur einige wenige zu nennen – nutzen ihre akademisch anerkannte Stellung, um für und zusammen mit Mieter_innenbewegungen Definitionen und Narrative der Gentrifizierung zu produzieren, die die politischen Anliegen der Verdrängten unterstützen. Die genannten Beispiele verweisen darauf, dass (angehende) Akademiker_innen in der Verantwortung sind, über die Folgen ihrer Definitionsmacht nachzudenken.

Denn wie Gentrifizierung im akademischen Diskurs definiert wird, ist wichtig, weil aus unterschiedlichen Definitionen unterschiedliche Handlungsempfehlungen folgen können. Verschiedene Konzeptualisierungen von Gentrifizierung haben Einfluss auf konkrete Politiken (Bernt/Holm 2010). Je nachdem, wie Gentrifizierung und Verdrängung definiert werden, kann auch politisches Handeln legitimiert werden. Wenn also zum Beispiel Verdrängung als unfreiwillige Entscheidung eines einzelnen Haushalts betrachtet wird, kann eine politische Maßnahme sich schon in relativ günstigen Mietrechtsberatungen erschöpfen. Wenn Gentrifizierung dagegen als interessengeleiteter Prozess der Immobilienwirtschaft definiert wird, müssen die politischen Antworten schon anders ausfallen. Den bezahlbaren und dekommodifizierten Anteil des Wohnungsmarktes auszuweiten ist aber um einiges teurer als Mietrechtsberatungen – und es muss mit viel mehr Widerstand der organisierten Immobilienwirtschaft gerechnet werden. Kein Wunder also, dass Stadtregierungen eher dazu neigen, Gentrifizierung zu verharmlosen und auf individueller Ebene zu betrachten.

Ebenso problematisch ist es, wenn Gentrifizierung nicht als Teil einer größeren Neoliberalisierung der Stadtpolitik gesehen wird. Dann kann es zu seltsamen Handlungsempfehlungen kommen, wie zum Beispiel in der Zeitschrift «Aus Politik und Gesellschaft» der Bundeszentrale für Politische Bildung. Ingrid Breckner stellt darin Gentrifizierung durchaus kritisch dar, kommt aber zu dem Schluss: «Wirtschaft und Politik wären klug beraten, diese konstruktive Energie [der Mieter_innenproteste gegen Gentrifizierung, LV] aufzugreifen und für eine originelle eigenlogische Entwicklung aller Stadtsegmente zu nutzen, die eine qualitative Profilierung im internationalen Wettbewerb der Städte um Gäste und Investitionen unterstützt» (Breckner 2010: 31f). Diese Empfehlung ignoriert, dass es gerade die internationale Städtekonkurrenz um zahlungskräftige Bewohner_innen und Investitionen ist, die zu Gentrifizierungsprozessen führt. Der Bock wird hier zum Gärtner gemacht: Die Proteste gegen Gentrifizierung sollen herhalten, um die Bedingungen, die zu Gentrifizierung führen, weiter zu vertiefen. Um solche argumentativen Kurzschlüsse zu vermeiden, ist es zentral die neoliberale Stadt zu verstehen.

In der wissenschaftlichen Debatte gibt es also durchaus unterschiedliche Definitionen von Gentrifizierung. Und diese wissenschaftliche Debatte hat Einfluss darauf, wie Gentrifizierung in der Öffentlichkeit diskutiert wird. Die öffentliche Debatte ist wichtig, denn über sie müssen politische Handlungen legitimiert werden. Ob ein Mieter_innenprotest als legitim erscheint, wird hier ebenso verhandelt wie die Frage, ob die politischen Maßnahmen von Stadtregierungen geeignet sind, Gentrifizierung zu verhindern.

Wie in der wissenschaftlichen Debatte, so lassen sich auch in der öffentlichen Debatte verschiedene Diskurse um den Begriff Gentrifizierung beobachten: der negierende Diskurs, der verharmlosende Diskurs, der positive Diskurs und der kriminalisierende Diskurs.

Der negierende Diskurs bestreitet, dass es in einem Stadtteil oder gar in ganz Deutschland überhaupt Gentrifizierung gibt. Das sei ja vielleicht ein Problem in den USA, nicht aber in Deutschland mit seinem strengen Mietrecht. An wissenschaftlichen Definitionen oder Debatten ist man hier nicht interessiert, einem eventuellen Problem soll schlicht aus dem Weg gegangen werden. Kaum mehr vorstellbar ist es heute, dass der Berliner Senat bis Anfang der 2010er-Jahre Probleme bei der Wohnraumversorgung abstritt. Es ist ein Verdienst der Berliner Mieter_innenbewegung, dass er das heute nicht mehr kann (Vollmer 2015).

Der verharmlosende Diskurs definiert den zentralen Aspekt der Gentrifizierung, die Verdrängung, einfach hinaus (vgl. Holm 2010b: 54ff). In diesem verharmlosenden Umgang wird Gentrifizierung gerne als «Revitalisierung», «Renaissance der Innenstadt» oder «Regeneration» bezeichnet. Gentrifizierung wird nicht als Verdrängung, sondern als Aufwertung von Nachbarschaften umdefiniert und damit positiv besetzt. Wer kann schon etwas gegen einen neuen Spielplatz oder eine endlich funktionierende Straßenbeleuchtung haben? Die Begriffe Gentrifizierung und Aufwertungen werden auch in wissenschaftlichen Texten oft gleichgesetzt (z. B. Friedrichs 2000). Mit baulich-physischer Aufwertung ist aber zunächst nur gemeint, dass heruntergekommene Häuser und öffentliche Plätze repariert und saniert werden oder dass ein neuer Park oder Spielplatz die Lebensqualität in der Nachbarschaft erhöht. Schönere und lebenswertere Nachbarschaften sind allerdings nicht das Problem mit der Gentrifizierung. Die Verbindung von Aufwertung mit Gentrifizierung und Verdrängung ist natürlich nicht gänzlich falsch. Denn in der kapitalistischen Stadtproduktion ist eine solche Aufwertung mit dem Bestreben verbunden, nicht nur die Nachbarschaft zu verändern, sondern auch die dort lebenden Menschen: Sie sollen gehen, damit neue, wohlhabendere Schichten die Investitionen in die gebaute Umwelt refinanzieren. Es kommt also nur zu Verdrängung, wenn mit der Aufwertung von Nachbarschaften Gewinnerwartungen verknüpft sind – was leider meistens der Fall ist. Trotzdem sollte man nicht den Fehler begehen, Aufwertung und Gentrifizierung gleichzusetzen. Zwar laufen Gentrifizierungsprozesse nur in den seltensten Fällen gänzlich ohne bauliche Aufwertung ab. Andersherum muss Aufwertung aber nicht zur Verdrängung führen, wenn die eingebrachten Investitionen nicht durch die in der Nachbarschaft lebenden Mieter_innen refinanziert werden müssen. Das mag für uns heute absurd oder utopisch klingen. Aber noch in den 1980er-Jahren wurden in der sogenannten behutsamen Stadterneuerung Sanierungskosten noch häufig vom Staat getragen, in der Folge wurden weniger Mieter_innen durch Aufwertung verdrängt (Bernt 2003). Erst als diese Subventionen zurückgefahren wurden, begann Aufwertung und Verdrängung das Gleiche zu sein.

In Gebieten, die aufgewertet werden, profitieren die Bewohner_innen von dieser Aufwertung. Das sagen auch diese Bewohner_innen selbst (vgl. Friedrichs 2000: 60). Ob ihnen die neue Straßenbeleuchtung oder der renovierte Park gefällt, kann man allerdings nur diejenigen Bewohner_innen fragen, die nicht verdrängt wurden. Diejenigen, die wegziehen mussten, profitieren nicht nur nicht von der schönen neuen Nachbarschaft, sie verlieren darüber hinaus auch noch ihr Zuhause und ihr soziales Umfeld. In Diskursen über Aufwertung und Gentrifizierung, in denen beides gleichgesetzt wird, begegnet man oft einer Personifikation von «Nachbarschaft». Das heißt, dass nur noch von einer «Nachbarschaft» gesprochen wird, die von Aufwertung profitiert, und darüber vergessen wird, dass diese Nachbarschaft aus Bewohner_innen besteht. Ob es «dem Gallus» in Frankfurt am Main, «dem Schanzenviertel» in Hamburg oder «dem Schillerkiez» in Berlin besser geht ist eigentlich eine absurde Frage. Schließlich wird Politik ja nicht für Räume gemacht, sondern für Menschen.

Ähnlich wie der verharmlosende Diskurs argumentiert auch der positive Diskurs mit personifizierten Nachbarschaften. In ihm wird Gentrifizierung als etwas Gutes beschrieben (Frank 2017a). Dank der Gentrifizierung tue sich endlich etwas im «Problemviertel». Gentrifizierung wird hier also nicht negiert oder verharmlosend beschrieben, sondern begrüßt. Die (angebliche) Segregation von armen Schichten in «Problemvierteln» sei weder gut für diese noch für «die Nachbarschaft» und muss deshalb aufgelöst werden – Verdrängung ist also notwendig. Im verharmlosenden wie im positiven Diskurs wird sich oft auf eine herzustellende «soziale Mischung» bezogen. Von der Durchmischung von ärmeren und Mittelschichten würden alle profitieren. Für Mieter_innenproteste ist es wichtig, einen Umgang mit diesem bevölkerungspolitischen Diskurs über die «soziale Mischung» zu finden (→ Kap. 6).

Neben dem negierenden, dem verharmlosenden und dem positiven Diskurs um Gentrifizierung taucht auch immer wieder der kriminalisierende Diskurs in der öffentlichen Debatte auf. So erklärte zum Beispiel der Leipziger CDU-Stadtrat Maciejewski im Sommer 2017, Gentrifizierung sei «doch bloß ein erfundener Begriff der Linksautonomen» (Grüne Fraktion Leipzig 2017). Anti-Gentrifizierungsproteste tauchen regelmäßig im Verfassungsschutzbericht auf. Das bekannteste Beispiel dieses kriminalisierenden Diskurses ist wohl die Verhaftung Andrej Holms. Matthias Bernt und Andrej Holm wurden 2007 beschuldigt, intellektuelle Urheber und Mitglieder einer terroristischen Gruppe (nach § 129a) zu sein, u.a. weil diese Gruppe das Wort «Gentrification» benutzt habe. Holm wurde über Monate beobachtet und schließlich verhaftet. Er erhielt viel Unterstützung, auch von anderen Wissenschaftler_innen, die die kritische Wissenschaft bedroht sahen. Die Verfahren wurden letztendlich eingestellt.

Die Definition des Begriffs Gentrifizierung ist also in der Öffentlichkeit umstritten, mehr als das bei anderen ursprünglich rein wissenschaftlichen Begriffen der Fall ist. Das verwundert auch nicht. Schließlich beschreibt Gentrifizierung einen Prozess, in dem die Interessen verschiedener Gruppen – ärmerer Schichten und der Immobilienwirtschaft – konflikthaft aufeinandertreffen. Deshalb wird über die Deutung dieses Konflikts heftig gestritten. Letztlich ist eine politische Bewertung von Gentrifizierungsprozessen nötig. Die Frage, ob sie «gut» oder «schlecht» seien, kann nicht beantwortet werden, ohne zu fragen: für wen? Gentrifizierung, definiert als die Verdrängung ärmerer Bevölkerungsschichten, ist nie gut für diese – aber ganz bestimmt für die Immobilienwirtschaft.

Auch für junge Aktivist_innen ist es wichtig, die Debatten um die Definition von Gentrifizierung zu kennen und sich selbst eine Position zu erarbeiten. Dazu möchte dieses Buch eine Hilfe sein. Denn daraus, wie wir Gentrifizierung definieren, leitet sich auch ab, welche Strategie dagegen wir wählen. Wenn man Gentrifizierung vor allem als den Wandel von Lebensstilen und Konsumverhalten interpretiert, richtet sich die Strategie gegen die Symbole und Institutionen dieses Wandels. Also gegen teure Cafés und hippe Boutiquen und die Leute, die sie nutzen. Wenn man Gentrifizierung nur als das Aufhübschen von Nachbarschaften versteht, ist die logische Konsequenz diese Aufwertung zu bekämpfen. Beides wäre fatal. Denn andere Lebensstile sind nicht der Grund für Gentrifizierung, sie sind nur ihr Ausdruck. Und wenn man sich gegen die Aufwertung von Nachbarschaften mit gezielter Zerstörung oder Abwertung richtet, verliert man das Verständnis vieler Nachbar_innen. Denn auch ärmere Bevölkerungsschichten haben ein Recht auf lebenswerte Nachbarschaften. Andrej Holm drückt es so aus: «Kampagnen, die sich auf solche Abschreckungs- und Deattraktivierungsstrategien reduzieren, laufen allerdings Gefahr, sich an den Ergebnissen der Gentrification – wie neuen Kneipen und Läden – abzuarbeiten oder vereinfachte Feindbilder von Yuppies, Schwaben oder Tourist_innen zu bedienen» (Holm 2010b: 69). Solche Abschreckungs- und Deattraktivierungsstrategien sind wunderbare Ablenkungsmanöver von dem, um was es bei Gentrifizierung eigentlich geht: die Interessen der Immobilienwirtschaft. Denn dann geht es nur noch um unterschiedliche Lebensstile oder Kulturen, statt darum, die Wohnungsversorgung zu dekommodifizieren. Dekommodifizieren heißt, Wohnen nicht länger eine Ware sein zu lassen und von Gewinnerwartungen zu entkoppeln. Nur wenn man Gentrifizierung als eine immobilienwirtschaftliche und/oder staatliche Strategie versteht, kann man auch politische Strategien gegen sie finden, die nicht nur an der Oberfläche kratzen. In diesem Buch wird ein Verständnis von Gentrifizierung vertreten, das solche Ablenkungsmanöver vermeidet. Und es werden Strategien vorgestellt, die über Abschreckungsstrategien hinausgehen und die Dekommodifizierung des Wohnens vorantreiben.

Klassischer Ablauf

Gentrifizierung ist die Folge der kapitalistische Inwertsetzung der Stadt, der Inwertsetzung ihrer gebauten Umwelt und ihrer Urbanität. Gentrifizierung verläuft dabei nach verschiedenen Mustern, idealtypisch sind verschiedene Abläufe kategorisiert worden (Holm 2010b). Im Folgenden soll nun ein «klassischer» Ablauf eines Gentrifizierungsprozess und seiner Phasen beschrieben werden.

Die Wiederentdeckung innerstädtischer, verfallener Arbeiter_innenviertel beginnt meist mit einer kulturellen Aufwertung in der sogenannten Pionierphase. Pioniere der Gentrifizierung ziehen in das Viertel, da sie hier günstige Mieten finden. Mit Pionieren der Gentrifizierung sind Menschen gemeint, die zwar über wenig ökonomisches Kapital verfügen, dafür aber umso mehr über kulturelles: Künstler_innen, die Atelierräume brauchen; Studierende, die eine Kneipe eröffnen möchten; junge Erwachsene, die für ihre selbstgenähten Klamotten eine Verkaufsfläche benötigen. Sie suchen sich Wohn- und Arbeitsorte in Vierteln, in denen die Mieten niedrig sind.

In der zweiten Phase der Gentrifizierung wandelt sich durch die Raumpraktiken der zugezogenen Pioniere das Image der Nachbarschaft in der Öffentlichkeit bzw. sie wird überhaupt erst bekannt. Statt als Arbeiter- und/oder Migrant_innenviertel zu gelten, lässt das Viertel sich nun als jung und hip branden. Neben den zugezogenen Kulturproduzenten kommen nun auch vermehrt Kulturkonsumenten extra in die Nachbarschaft. Die symbolische Aufwertung des Viertels spiegelt sich in einer gestiegenen Medienpräsenz und wird gleichzeitig von ihr gesteigert: Zeitungen berichten über neue Lokale, Reiseführer empfehlen den Besuch, Filmeproduzent_innen suchen hier nach Drehorten. Diese kulturelle Aufwertung macht das vorher von ärmeren Schichten bewohnte Viertel auch für die Mittelschicht interessant. Die Pioniere haben Cafés und kulturelle Orte geschaffen und damit die Infrastruktur für einen mittelschichtsgeprägten Lebensstil, der den nun zuziehenden Gentrifiern entspricht. Diese verfügen über ein höheres Einkommen als die Pioniere und die ursprüngliche Wohnbevölkerung. Die Investition in einen Umzug in das aufstrebende Viertel oder gar in eine Eigentumswohnung scheint ihnen lohnend und dank des Imagewandels mit wenig Risiko behaftet.

Mit dem Zuzug von wohlhabenderen Schichten wird das Viertel auch für Investoren interessant. In der dritten Phase der Gentrifizierung transformiert sich die symbolische Aufwertung in eine ökonomische Inwertsetzung. Es kommt häufig zu Eigentümerwechseln: «Die hinsichtlich der Sanierungsmaßnahmen meist inaktiven und mit geringen ökonomischen Ressourcen ausgestatteten Einzeleigentümer_innen des Gebiets verkaufen dabei, von steigenden Bodenpreisen gelockt, ihre Grundstücke an professionelle Immobiliengesellschaften» (Holm 2010b: 10). Diese neuen Eigentümer verfolgen andere Verwertungsstrategien, um ihre Investition über die Erhöhung von Mieten oder den Weiterverkauf von einzelnen Wohnungen – also der

Umwandlung von Miet- zu Eigentumswohnungen – zu amortisieren. Mieterhöhungen sind durch Modernisierungen möglich; einerseits, weil eine wohlhabendere Mittelschicht nicht in runtergekommenen Wohnungen wohnen will, und andererseits, weil das deutsche Mietrecht signifikante Mieterhöhungen nur durch die Umlage von Modernisierungskosten ermöglicht. So kommt es zur Verdrängung der ärmeren Bewohner_innen des Viertels – manchmal rasend schnell, manchmal über Jahrzehnte (abhängig von der ursprünglichen Eigentümerstruktur der Nachbarschaft und dem Verwertungsdruck). Die neuen Mieter_innen und Nutzer_innen der Pionierphase werden in dieser Aufwertung meist selbst zu Opfern der Gentrifizierung. Gentrifizierungsprozesse laufen selten linear, meist eher zirkulär. Einer ersten Aufwertungs- und Verdrängungsphase folgt also nicht selten eine zweite, in der die ersten Verdrängenden selbst wieder verdrängt werden.

Dieser Verlauf setzt die gesteigerte Nachfrage von Mittelschichten an Wohnraum in einem Viertel als den Anfangspunkt eines Gentrifizierungsprozesses. Einmal als Mechanismus erkannt, kann der Effekt kultureller Aufwertung aber auch bewusst hervorgerufen werden. Immobilienunternehmer oder staatliche Institutionen können diesen Prozess simulieren, zum Beispiel, indem sie für die Ansiedlung kultureller Orte sorgen oder bewusst an einem neuen Stadtteilimage arbeiten, um die folgenden Verwertungsphasen auszulösen.

Folgen: Verdrängung und Segregation

Gentrifizierung hat zwei zentrale Folgen: Durch sie werden erstens ärmere Bevölkerungsschichten aus ihren Nachbarschaften verdrängt. Das hat individuelle Folgen für die verdrängten Haushalte. Zweitens führt Gentrifizierung auf gesellschaftlicher Ebene zu einer zunehmenden sozialen Segregation. Diese beiden Folgen sollen nun beschrieben werden.

Verdrängung

Die zentrale Folge von Gentrifizierung ist nicht der sichtbare Wandel des Konsumangebots in einer Nachbarschaft, sondern die – meist schwer erkennbare – Verdrängung der dort lebenden Bewohner_innen und der Gewerbetreibenden. Verdrängung ist nicht ein ungewollter Nebeneffekt von Gentrifizierung, sondern ihr zentrales Merkmal (Marcuse 1992: 80).

Die wissenschaftliche Debatte hat sich allerdings lange hauptsächlich über die Ursachen von Gentrifizierung gestritten, statt ihre Hauptfolge, die Verdrängung, zu konzeptualisieren und zu untersuchen. Ausmaß und Mechanismen von Verdrängungsprozessen sind zu wenig erforscht (Holm 2010b: 59ff, Helbrecht 2016). Auch wegen dieser wissenschaftlichen Vernachlässigung konnte sich in der öffentlichen Debatte der verharmlosende oder positive Diskurs über Gentrifizierung ausbreiten und die kritische Perspektive somit aus der Debatte «verdrängt» werden (Slater 2006).

Die wissenschaftliche Literatur, die sich dezidiert mit Verdrängungsprozessen beschäftigt, fragt sich, welche verschiedenen Arten der Verdrängung es gibt, wann und warum jemand aus seiner Wohnung auszieht, ob dies freiwillig geschieht oder unfreiwillig – bzw. wo eigentlich die Grenze dazwischen verläuft. Die wissenschaftlichen Definitionen und methodischen Untersuchungsmöglichkeiten sollen hier nicht in ihrer Breite dargestellt werden. Die dafür notwendige Einführung in sozialwissenschaftliche Methoden würde zu weit führen. Es soll aber nicht unerwähnt bleiben, dass es verschiedene Definitionen von Verdrängung gibt. Denn diese unterschiedlichen Definitionen haben wiederum Einfluss auf die öffentliche Debatte, ob Gentrifizierung überhaupt stattfindet oder nicht. Peter Marcuse, einer der wichtigsten Gentrifizierungsforscher, beschreibt verschiedene Arten der Verdrängung (Marcuse 1986). Durch *direkte Verdrängung* verlieren Bewohner_innen ihr zuhause unmittelbar. Das kann bedeuten, dass ihre Wohnung abgerissen wird (physische Verdrängung) oder dass sie sie durch eine nicht mehr bezahlbare Miete verlieren (ökonomische Verdrängung). Neben diesen Formen der direkten Verdrängung gibt es solche der *indirekten Verdrängung*, auch *symbolische Verdrängung* oder *Verdrängungsdruck* genannt. Haushalte verlassen eine Nachbarschaft, weil diese für bestimmte Bevölkerungsschichten immer unattraktiver wird, zum Beispiel weil es keine günstigen Einkaufsmöglichkeiten mehr gibt. Man muss also sowohl individuelle Haushalte betrachten als auch ganze Nachbarschaften, um Verdrängung umfassend zu verstehen. Die weitreichendste Definition von Verdrängung nennt Marcuse ausschließende oder *exkludierende Verdrängung*. Hier wird nicht der Wegzug individueller Haushalte betrachtet, sondern die Anzahl der für Haushalte mit niedrigem Einkommen zur Verfügung stehenden Wohnungen in der Nachbarschaft insgesamt. Wenn diese Anzahl abnimmt, können keine Haushalte mit niedrigem Einkommen mehr dort hinziehen.

Neben diesen verschiedenen Arten der Verdrängung ist es ebenso wichtig, über welchen Zeitraum Verdrängung beobachtet wird. Je nachdem, wie lang dieser ist, wird man nur einen Bewohner_innenaustausch pro Wohnung feststellen oder eine ganze Kettenverdrängung.

Gezielte staatlich vorangetrieben Aufwertungsprozesse werden oft von Programmen begleitet, die Verdrängung verhindern sollen: Mieter_innen können sich in Beratungen über ihre Rechte aufklären lassen und sollen sich individuell wehren. Das Problem mit solchen Hilfsprogrammen ist, dass sie fast ausschließlich von Haushalten mit hohem kulturellem und sozialem Kapital wahrgenommen werden (Holm 2002). Kleine Zeitfenster und bürokratische Sprache können unüberwindbare Hürden bilden. Wer sich nicht zu helfen weiß, dem wird auch nicht geholfen.

Aber warum ist die Verdrängung von Bewohner_innen einer Nachbarschaft überhaupt so schlimm? Verdrängung hat ernsthafte Folgen sowohl für die betroffenen Haushalte als auch für die sozialräumliche Struktur der gesamten Stadt.

Gentrifiziert sich ein Stadtteil, sind Haushalte, die ihre Wohnung verloren haben, gezwungen, ihre Nachbarschaft zu verlassen. Denn in unmittelbarer Nähe ihrer alten Wohnung finden sie keine für sie bezahlbare Wohnung mehr. Je nachdem, wie weit die Gentrifizierung der gesamten Stadt fortgeschritten ist, liegt die neue Wohnung mehr oder weniger weit entfernt von der alten Umgebung. In einigen deutschen Städten bedeutet der Verlust einer innerstädtischen Wohnung mittlerweile in vielen Fällen den Umzug an den Stadtrand. Mit dem Verlust des Wohnorts geht der Verlust der sozialen Netzwerke und der sozialen Infrastruktur sowie der emotionalen Bindung einher. Dies ist besonders für ärmere Schichten dramatisch, da diese nahräumlichen Infrastrukturen und Netzwerke besonders wichtig für sie sind, um ihren Alltag zu organisieren und soziale Mobilität zu ermöglichen (Atkinson 2000). Verwandtschaftliche und nachbarschaftliche Hilfsnetzwerke sind in Zeiten des staatlichen Sozialabbaus für von Armut betroffene Haushalte von hoher

Bedeutung. Bei der Verdrängung aus ethnisch geprägten Nachbarschaften kommt erschwerend hinzu, dass der neue Hausarzt in der neuen Nachbarschaft vielleicht kein Türkisch/Polnisch/... spricht. Auch der Verlust von ethnisch geprägter Infrastruktur, von Ärzten über Supermärkte bis zu Kulturvereinen, ist für die soziale Integration vieler Haushalte gravierend.

Diese negativen Folgen des Verlusts ihrer Nachbarschaft sind viele Haushalte aus gutem Grund nicht bereit auf sich zu nehmen. Deshalb finden sie andere Umgangsstrategien mit den steigenden Mieten. Diese werden unter dem Begriff *Verdrängung aus dem Lebensstil* zusammengefasst. Das kann bedeuten, dass man zusammenrückt. Das heißt, dass mehr Menschen auf weniger Fläche wohnen, wenn zum Beispiel mehrere Generationen in einem Haushalt leben, Kinder sich den Auszug nicht mehr leisten können oder die Familie des Bruders mit einzieht. In vielen deutschen Städten ist im Moment eine solche Verdrängung aus dem Lebensstil zu sehen (Lebuhn et al. 2017). In Berlin ist schon zu beobachten, dass entgegen dem gesamtdeutschen Trend der Flächenverbrauch pro Person sinkt. Das heißt, dass die Quadratmeteranzahl, die jeder einzelnen Person an Wohnfläche zur Verfügung steht, insgesamt abnimmt. Manche Stadtplaner_innen freuen sich darüber, denn der Flächenverbrauch pro Person ist in Deutschland insgesamt extrem hoch, was wenig nachhaltig ist. Unter anderem deshalb wird vermehrt der Bau von Kleinstwohnungen oder tiny houses propagiert. Dieser Diskurs lässt allerdings meist außer Acht, dass es nicht die armen Bevölkerungsschichten sind, die den großen Flächenverbrauch ausmachen, und dass deren weiteres Zusammenrücken das Problem in keiner Weise löst.

Ein weiterer Effekt der Verdrängung aus dem Lebensstil ist die Reduktion des zur Verfügung stehenden Haushaltsgeldes. Wer einen höheren Anteil seines Einkommens für Miete ausgeben muss, wird an anderer Stelle sparen. Kein Wunder, dass ein Slogan der Mieter_innenproteste der 1920er- und 1930er-Jahre heute wieder auftaucht: Erst das Essen, dann die Miete.

Exkurs: Bezahlbarkeit – was soll das heißen?

Oft ist in Städten, in denen die Miete steigt, die Rede davon, dass es an «bezahlbaren» Wohnungen mangelt. Aber was genau soll das heißen? Für wen ist was wo bezahlbar? Und ändert sich das mit der Zeit? In diesem Exkurs soll der Begriff der Bezahlbarkeit näher beleuchtet werden, weil er in Diskursen über und Kämpfen gegen Gentrifizierung immer wieder und oft mehrdeutig eingesetzt wird.

Ob eine Wohnung bezahlbar ist, kann nicht unabhängig von dem Einkommen der darin lebenden Menschen – oder bei Neubau der Menschen, die darin leben sollen – definiert werden. Wenn einem Haushalt im Monat 4000 Euro zur Verfügung stehen, mag eine Miete von 1000 Euro kein Problem sein; wenn monatlich nur 1500 Euro reinkommen, sind 1000 Euro für die gleiche Wohnung nicht mehr bezahlbar. Einfach eine bestimmte Quadratmetermiete als bezahlbar festzulegen, wie dies im öffentlichen oder auch politischen Diskurs mancher Städte geschieht, ist also nicht zielführend. Denn wenn bezahlbare Wohnungen erhalten oder geschaffen werden sollen, so doch meistens für Haushalte mit geringem bis mittlerem Einkommen.

Im angloamerikanischen Kontext wurde Bezahlbarkeit seit dem 19. Jahrhundert über die sogenannte Mietkostenbelastungsquote definiert. Diese drückt aus, wie viel Prozent ein Haushalt monatlich von seinem Haushaltseinkommen für die Miete ausgeben kann. Von «nettokalt» spricht man, wenn diese Mietkostenbelastung die Kosten für Energie und Heizung nicht umfasst, von «bruttowarm», wenn diese mit einbezogen werden. Angesichts der heute extrem hohen Heiz- und Energiekosten macht diese Differenzierung einen großen Unterschied aus.

Die Höhe dieser Quote wurde von Anfang an als einheitlich für alle Einkommensgruppen festgesetzt. Zunächst galt es als angemessen, dass Haushalte 10% ihres Einkommens für Miete ausgaben, dann 25% und heute ist oft die Rede von 30%. Die Willkürlichkeit dieser Festlegung ist augenfällig. Ein weiteres Problem mit dieser Art

Bezahlbarkeit zu definieren, ist, dass sie einheitlich und nicht zielgruppenspezifisch ist. Wenn einem Haushalt nur 900 Euro im Monat zur Verfügung stehen, führt eine Wohnkostenbelastung von 30% dazu, dass nicht genug zum Leben bleibt. Reiche Haushalte könnten dagegen deutlich mehr als 30% ihres Einkommens für die Miete aufwenden, ohne dass ihre restlichen Ausgaben gefährdet wären. Studien belegen allerdings, dass die Situation gerade andersherum ist: In der Realität geben Haushalte mit niedrigem Einkommen einen überdurchschnittlich großen Anteil ihres Einkommens für die Miete aus. Einkommensstarke Haushalte müssen dagegen meist deutlich weniger als 30% ihres Einkommens für die Miete aufwenden.

Diese Vereinheitlichung von Bezahlbarkeit und ihre Entkopplung von einer Zielgruppe setzte sich auch in Deutschland immer mehr durch. Damit vollzieht sich, was Praum als Naturalisierung des «Mythos der Bezahlbarkeit» bezeichnet (Praum 2016). Ob eine Wohnung als bezahlbar gilt, müsste je nach Einkommenshöhe der Zielgruppe differenziert definiert werden.

Segregation

Nachbarschaften mit einer hohen Anzahl armer bzw. geringverdienender Haushalte werden oft als «benachteiligte Quartiere», «Problemviertel» oder gar «Ghettos» gelabelt. Es handelt sich um vermeintlich oder tatsächlich räumlich segregierte Nachbarschaften. Segregation ist also ein Ausgangspunkt für Gentrifizierung – warum dies so ist, wird im folgenden Unterkapitel «Gentrifizierung als Teil der kapitalistischen Stadtproduktion» erklärt. Hier soll zunächst erklärt werden, was Segregation ist und warum sie nicht nur Ausgangspunkt, sondern auch Folge von Gentrifizierungsprozessen ist.

Segregation meint die räumliche Konzentration verschiedener sozialer Gruppen, also den räumlichen Niederschlag sozialer Ungleichheit. Räumliche Segregation kann die soziale Ungleichheit weiter verstärken. Ursachen für Segregation, auch residentielle Segregation genannt, sind die Struktur lokaler und gesamtstädtischer Wohnungsmärkte, politische Steuerungen sowie lebensstilorientierte Wohnstandortwahl (Bürkner 2014).

Soziale Segregation wird nach ökonomischen Faktoren wie Klassenzugehörigkeit, Beschäftigungsverhältnis, Einkommenshöhe oder Bildungsgrad festgestellt. Eine weitere Dimension der sozialen Segregation, die für Gentrifizierungsprozesse wichtig sein kann, ist die ethnische Segregation. Einwanderungspolitik und soziale Mobilität verhindernde, rassistische Politiken und Alltagspraktiken führen dazu, dass sich soziale Ungleichheit und Zugehörigkeit zu einer ethnischen Minderheit in Deutschland häufig überschneiden. So haben ärmere Haushalte und/oder migrantische Haushalte auf dem Wohnungsmarkt oftmals keine Wahl, wohin sie ziehen können. Niedrige Mieten finden sie nur in minderwertigen Beständen des Immobilienmarktes. Die daraus resultierende räumliche Segregation ist also zu großen Teilen keine freiwillige, sondern erzwungen. Auch die Segregation ethnischer Gruppen kann auf ökonomische Effekte und rassistische Praktiken von Vermietern zurückgeführt werden. Die ehemaligen West-Berliner Außenbezirke Kreuzberg und Wedding sind ein eindrückliches Beispiel dafür, wie strukturelle Faktoren des Wohnungsmarktes, rassistische Vermietungspraktiken und politische Steuerung zu residentieller Segregation führen (Münch 2010). Durch ihre randstädtische Lage waren die Wohnungsmärkte der Viertel bis in die 1980er-Jahre eher unattraktiv. Hinzu kam, dass zahlreiche Nachbarschaften in diesen Vierteln zu Sanierungsgebieten erklärt wurden, was über Jahrzehnte den Stopp jeglicher Instandhaltungsmaßnahmen bedeutete. Denn die Hausbesitzer spekulierten darauf, ihre mietpreisgebundenen Altbauten abzureißen und teurer zu vermietende, subventionierte Neubauten zu errichten. In den verfallenden Altbauten blieben Arme, Alte und Arbeitslose wohnen – also diejenigen, die es sich nicht leisten konnten wegzuziehen. Die frei werdenden Wohnungen vergaben die Vermieter nun oftmals an migrantische Familien, die als sogenannte Gastarbeiter_innen nach Deutschland gekommen waren. Da diese durch rassistische Vermietungspraktiken vom Wohnen in besseren Lagen ausgeschlossen waren, konnten die Kreuzberger und Weddinger Vermieter davon ausgehen, dass sie sich nicht über schimmelnde Wände und verrottete Treppenhäuser beschweren würden. Beliebt war es außerdem, die Wohnungen von Migrant_innen überzubelegen, um so den Verfall der Wohnungen zu beschleunigen. Die ethnische Segregation türkischer bzw. türkischstämmiger Familien in bestimmten Nachbarschaften war also ein politisch hausgemachter Zustand. Das hielt die Berliner Politik aber nicht davon ab, die Schuld an der Segregation den migrantischen Familien selbst zu geben und ihnen grundgesetzwidrig den weiteren Zuzug in die Nachbarschaften zu verbieten.

Neben dieser strukturell bedingten Produktion von segregierten Nachbarschaften können auch Diskurse über Segregation und die Inszenierung von Segregation eine Funktion im Gentrifizierungsprozess haben. In «Ghettodiskursen» werden schlechte Eigenschaften bestimmten Nachbarschaften und damit ihren Bewohner_innen zugeschrieben (Best/Gebhardt 2001). Sie werden so stigmatisiert; die Angabe eines bestimmten Wohnortes kann negative Konsequenzen haben, etwa auf der Suche nach einem Job. Den solchermaßen «schlecht» segregierten Vierteln, stehen andere, «gut» segregierte Viertel entgegen, zum Beispiel alternative Viertel oder Künstler_innenviertel. Diese unterschiedlichen diskursiven Produktionen von Segregation haben unterschiedliche Funktionen im Gentrifizierungsprozess.

In der öffentlichen Debatte wird soziale oder ethnische Segregation häufig zur Legitimation von Gentrifizierungsprozessen herangezogen. Diese «schlechte» Segregation gelte es – auch im Interesse der Segregierten – aufzulösen. Ob soziale Segregation allerdings überhaupt negative soziale Folgen für die Segregierten hat, ist umstritten und hängt stark mit der generellen Strukturierung sozialer Ungleichheit in verschiedenen Ländern und lokalen Kontexten zusammen (Farwick 2012). Für Deutschland sind Zusammenhänge zwischen räumlicher Konzentration von Armut und Dauer von Armutslagen einzelner Haushalte festgestellt worden. Der kausale Zusammenhang zwischen beidem lässt sich aber nicht linear bestimmen. Für den deutschen Kontext gibt es außerdem keine überzeugenden wissenschaftlichen Belege, dass eine rein ethnische Segregation negative Folgen für die Segregierten hätte (Münch 2014). Nichtsdestotrotz wird die negative Zuschreibung der Segregation als Legitimation von Gentrifizierungsprozessen genutzt.

Die Hoffnung, dass durch Gentrifizierung Segregation gemildert würde, ist aber noch aus einem ganz anderen Grund verfehlt. Denn Segregation und Gentrifizierung haben teilweise die gleichen Ursachen: den Abbau sozialstaatlicher Wohnungspolitiken und die Deregulierung des Wohnungsmarktes. Außerdem ist Segregation die unmittelbare Folge von Gentrifizierung (vgl. Keller 2013: 40): Die Verdrängung ärmerer Schichten aus innerstädtischen Lagen führt zu deren randstädtischer Konzentration.

Stehen in Nachbarschaften immer weniger bezahlbare Wohnungen für untere Einkommensschichten zur Verfügung, hat das nicht nur Konsequenzen für die direkt Verdrängten. Es führt zu einer sozialräumlichen Segregation oberer Schichten – also zum Gegenteil der sozialen Mischung, mit der Gentrifizierung so oft legitimiert wird. Als Gesellschaft sollten wir uns fragen, wohin es führt, wenn immer mehr Wohlhabende in Ghettos leben und keinen Kontakt mehr zu weniger reichen Schichten haben. Wie soll so gesellschaftliche Solidarität entstehen? Inwiefern unterstützt die räumliche Segregation auch die soziale Polarisierung der Gesellschaft?

Die Blickrichtung auf Segregation sollte also umgedreht werden: Statt die Segregation unterer Einkommensschichten zu problematisieren, sollte die Segregation mittlerer und höherer Einkommensschichten im Zuge von Gentrifizierung in den Blick genommen werden. Denn bei Letzterer handelt es sich im Gegensatz zu Ersterer um eine zumindest teilweise absichtsvolle Segregation.

Die strukturelle Segregation von geringverdienenden Haushalten in bestimmten Nachbarschaften und die diskursive Abwertung dieser Viertel als «Problemviertel» oder «Ghettos» ist Ausgangspunkt für Gentrifizierungsprozesse und Teil einer zyklisch verlaufenden, kapitalistischen Produktion von Stadt. Diese soll im folgenden Unterkapitel näher beleuchtet werden.

Gentrifizierung als Teil der kapitalistischen Stadtproduktion

Wohnen erfüllt ganz verschiedene, sich teilweise widersprechende Funktionen: «Wohnen bedeutet viele Dinge für verschiedenen Gruppen. Es ist das Zuhause für die Bewohner_innen und der Ort sozialer Reproduktion. Es ist die größte finanzielle Belastung für viele und für manche die Quelle von Reichtum, Status, Profit oder Kontrolle» (Madden/Marcuse 2016: 11, übersetzt v. L. V.).

Die Wohnung hat eine soziale Funktion: Sie ist das Zuhause, ein Ort des Schutzes und der Identität. Die eigene Wohnung liegt in einer Nachbarschaft und strukturiert darüber soziale Beziehungen. Der Wohnstandort innerhalb einer Stadt kann Zeichen des eigenen sozialen Status sein und über die Zuteilung von staatlichen Ressourcen bestimmen. Das Wohnen erfüllt außerdem Funktionen der sozialen Reproduktion.

Seit Beginn der starken Urbanisierung im 19. Jahrhundert wird Wohnraum unter kapitalistischen Verhältnissen aber nicht produziert, um die sozialen Wohnbedürfnisse *aller* Menschen zu befriedigen. Wohnraum ist im Kapitalismus eine Ware, mit der Rendite erwirtschaftet werden soll.

Die kapitalistische Produktion und Organisation von Wohnraum führt zu zyklisch wiederkehrenden Wohnungskrisen, in denen die (dauerhafte) Unterversorgung unterer und mittlerer Einkommensschichten nicht mehr ignoriert werden kann. Über diese immer mal wieder gestellte Wohnungsfrage urteilte Engels 1873, dass sie innerhalb des Kapitalismus nicht lösbar sei: «Solange die kapitalistische Produktionsweise besteht, solange ist es Torheit, die Wohnungsfrage oder irgendeine andre das Geschick des Arbeiters betreffende Frage einzeln lösen zu wollen. Die Lösung liegt aber in der Abschaffung der kapitalistischen Produktionsweise, in der Aneignung aller Lebens- und Arbeitsmittel durch die Arbeiterklasse selbst» (Engels 1976 [1873]: 263). Nach Engels ist es nicht die Aufgabe der Arbeiter_innenbewegung, für materielle Verbesserungen im Feld des Wohnens zu Sorgen, da es sich nicht um den Hauptwiderspruch des Kapitalismus handelt.

Der marxistische Geograph David Harvey widerspricht Engels in diesem Punkt: Urbanisierung und die Produktion von Wohnraum seien ein zentraler Teil der kapitalistischen Akkumulation und hätten eine wichtige Funktion im Kapitalismus inne (Harvey 2009 (1973)). In seinen zahlreichen Publikationen entwickelt er eine urbane politische Ökonomie und beschreibt, dass Urbanisierung und die kapitalistische Krisendynamik in einem engen Wechselverhältnis stehen (Wiegand 2016). Städte nehmen eine besondere Funktion in der kapitalistischen Produktionsweise ein, in der Bewältigung der zyklisch wiederkehrenden Krisen des Kapitalismus. Regelmäßig kommt es im primären Kapitalkreislauf der regulären Warenproduktion zu Krisen. Wenn es dort an profitablen Anlagemöglichkeiten fehlt, spricht man von einer Überakkumulation von Kapital und einer Krise zum Beispiel in Form von Insolvenzen oder massenhafter Arbeitslosigkeit. Um den krisenhaften Entwertungsprozess im primären Kapitalkreislauf zu entgehen, wird Kapital räumlich und zeitlich in den sekundären Kapitalkreislauf verschoben (Harvey 1982). Dieser sekundäre Kapitalkreislauf umfasst die gebaute Umwelt, womit physisch-materielle und unbewegliche, vom Menschen geschaffene Elemente im Raum gemeint sind. Diese gebaute Umwelt befindet sich zu großen Teilen in Städten als Fabrik- und Bürogebäude, Wohngebäude und gebaute Infrastrukturen. Zeitlich kann so Kapital verschoben werden, denn die Elemente der gebauten Umwelt haben lange Investitionslaufzeiten; räumlich wird Kapital über Investitionen in die gebaute Umwelt verschoben, in dem es zwischen verschiedenen Regionen – global, regional oder auch auf städtischer Ebene – hin- und herbewegt wird. Dieser zweite Kapitalkreislauf dient also der Umgehung von Krisen im ersten, und erreicht dieses Ziel durch die räumliche und zeitliche Verschiebung und Fixierung von Kapital. Deshalb spricht Harvey von einem spatio-temporal fix (engl. «to fix» für reparieren, aber auch fixieren).

Immobilien wie Wohnhäuser nehmen eine besondere Rolle in diesem zweiten Kapitalkreislauf ein. Die Strukturierung des Grundstücks- und Immobilienmarkts macht es für einzelne Kapitalisten attraktiv, die Kapitalverlagerung zu vollziehen. Denn er ermöglicht ein ähnliches spekulatives Potential, wie zum Beispiel Aktienmärkte. Die Investition in Häuser und Grundstücke basiert auf dem Glauben, dass mit diesen durch Verkauf oder Inwertsetzung in Zukunft hohe Einnahmen erzielt werden können. Außerdem ist der Immobilien- und Grundstücksmarkt eng mit dem Finanzmarkt verbandelt, denn durch die langen Investitionslaufzeiten und die hohen Summen der Investitionen sind

Investoren auf Kredite und andere Finanzierungsinstrumente wie Hypotheken und Verbriefungen angewiesen. Durch die Finanzialisierung des Wohnungsmarktes werden Wohnungen immer mehr zur reinen Finanzanlage. Durch diese spekulative Dynamik im sekundären Kapitalkreislauf kommt es auch hier regelmäßig zur Überakkumulation und zu Krisen, zum Beispiel in Form von Immobilienblasen. Die dann einsetzende rapide Entwertung des investierten Kapitals führt unter anderem zu Wohnungsleerständen, verfallenden Gebäuden und schlechten Lebensverhältnissen. Harvey beschreibt, dass solche Krisen im sekundären Kapitalkreislauf oft Vorboten für allgemeine Wirtschafts- und Finanzkrisen waren (Harvey 2016). Das Beispiel der Finanz- und Wirtschaftskrise ab 2007 zeigt dies eindrücklich: Deren Auslöser war die Krise im Hypothekenmarkt für Schuldner_innen mit geringer Bonität (Subprime-Markt in den USA). Die massiven Investitionen in diesen Markt des sekundären Kapitalkreislaufs waren auf eine Verschiebung von Kapital in Folge des Platzens der New-Economy-Blase im primären Kapitalkreislauf zurückzuführen.

Investitionen in die gebaute Umwelt verteilen sich räumlich immer ungleich. Die Krisen einzelner Nachbarschaften oder ganzer Wohnungsmärkte sind also kein Fehler im System – sie sind Teil des Systems, des Systems der kapitalistischen Wohnraumproduktion. Insofern hat Engels Recht, wenn er sagt, dass die Wohnungsfrage nicht gelöst werden kann, solange die Wohnraumversorgung kapitalistisch organisiert ist. Mit Harvey lässt sich aber argumentieren, dass es sich bei der Wohnungsfrage sehr wohl um einen wichtigen Widerspruch des Kapitalismus handelt, der sich aus der besonderen Funktion der Städte im Kapitalismus ableitet. Somit kommt auch den urbanen Kämpfen eine besondere Rolle im Klassenkampf zu: «Gerade weil hier grundlegende Fragen der Produktion, Aneignung und Zirkulation des gesellschaftlichen Mehrprodukts berührt werden, sieht Harvey in solchen urbanen Kämpfen, wie sie gegenwärtig unter der Parole ‹Recht auf Stadt› geführt werden, eine zentrale Triebfeder für emanzipatorische Veränderungen der Städte sowie der Gesellschaft im Allgemeinen» (Wiegand 2014: 32).

Das Feld Wohnen ist also grundsätzlich kapitalistisch strukturiert – deshalb wird auch häufig nur vom «Wohnungsmarkt» gesprochen. Diese Bezeichnung suggeriert, dass es sich beim

Feld Wohnen um einen «ganz normalen», kapitalistischen Markt handelt.

Von dieser Annahme geht auch die in öffentlichen Debatten oft bemühte Filtering-Theorie aus, auch als Sicker-Effekt bezeichnet. Mit ihrer Hilfe wird argumentiert, dass es in angespannten Wohnungsmärkten, in denen sich untere Einkommensschichten die Miete nicht mehr leisten können, ausreiche, Neubau im oberen Preissegment zu tätigen bzw. sogar staatlich zu fördern. Denn durch den Sicker-Effekt der Angebotsausweitung würde sich auch das Angebot an den eigentlich fehlenden günstigen Mietwohnungen erweitern. Der Wohnungsmarkt gleiche sich also von ganz alleine aus. Wohnungsangebot und Wohnungsnachfrage stünden in direktem Austausch miteinander und passten sich so aneinander an.

Der Sicker-Effekt soll folgendermaßen wirken: Im marktwirtschaftlich organisierten Wohnungssektor werden Wohnungen, der Profitlogik der Marktakteure folgend, nur für höhere Einkommensschichten gebaut. Durch eine von diesem Neubau ausgelöste Umzugskette, sickere das erhöhte Angebot aber bis zu den unteren Preissegmenten durch. Dies geschehe, indem Wohnungen mit zunehmendem Alter und Abnutzung an Qualität verlören, Haushalte mit hohem Einkommen deshalb die teureren Neubauten bevorzugten. Die dadurch frei werdenden Wohnungen würden ein Überangebot an Wohnungen im mittleren Segment schaffen, das preisdrückend wirke und so auch darunterliegenden Einkommensschichten zugutekommen würde.

Dass die Filtering-Theorie nicht die Realität der Entwicklung des Wohnungsmarktes widerspiegelt, ist Alltagswissen von Millionen Mieter_innen. Die Grundannahme, dass es sich beim Wohnungsmarkt um einen «normalen» Markt handelt, der über Angebot und Nachfrage gesteuert wird, ist aus vielen Gründen grundsätzlich falsch (Krätke 1995: 192–210). Eine Wohnung ist kein Toaster. Eine Wohnung ist immobil. Ein Überangebot von Wohnungen in einer bestimmten Region (eines Landes oder einer Stadt) können das Unterangebot in einer anderen Region nicht ausgleichen. Und auch die Nachfrageseite der Mieter_innen ist nicht hochgradig mobil, weil Umzüge mit hohen Kosten verbunden sind, der Arbeitsplatz erreichbar sein muss und weil sie sich sozial und identitär mit ihrer Nachbarschaft verbunden fühlen. Auch werden Wohnungen, anders als Toaster, nicht an jede_n vergeben, der sich dafür in die Schlange stellt. Der Marktzugang ist für viele Gruppen erschwert, weil Vermieter bestimmte soziale und ethnische Gruppen bevorzugen und andere benachteiligen. So ist oft zu beobachten, dass bestimmte ethnische Gruppen in Substandardwohnungen sehr viel höhere Mieten bezahlen, als es die Bausubstanz oder die Lage der Wohnungen nahelegen würde. Soziale Diskriminierungen schlagen sich auch auf die Miethöhen für kinderreiche Familien nieder. Ein weiterer Grund, warum die durch den Sicker-Effekt prognostizierten Umzugsketten nicht funktionieren, ist das deutsche Mietrecht. Es erlaubt die Miethöhen bei neuvermietetem Neubau deutlich höher zu setzten als im Bestand. Der Anreiz für Mieter_innen im mittleren Preissegment dorthin umzuziehen, ist also sehr gering. Würde eine Umzugskette einsetzten, würde dies zu stärkeren Mietsteigerungen in allen Segmenten führen. Denn der Abschluss neuer Mietverträge erlaubt es die Miete zu erhöhen, während bestehende Verträge dieser Erhöhung Grenzen setzen.

Wohnen ist außerdem keine «normale» Ware, weil die Produktionsdauer und die Produktionskosten von Wohnungen sehr hoch sind. Der Markt kann also nicht mit schnellen Anpassungen reagieren. Wohnen ist darüber hinaus ein Grundbedürfnis, auf das nicht wie auf andere Konsumgüter verzichtet werden kann. Mieter_innen schränken also ihren Konsum eher in anderen Bereichen ein, bevor sie ihre Wohnung verlieren. Oder sie rücken zusammen und vermieten ihre Wohnung teilweise unter.

Wohnen sollte also keine Ware sein. Der «Wohnungsmarkt» ist nicht nur sozial blind, sondern auch funktionsunfähig. Die immer wiederkehrenden Wohnungskrisen sind keine Fehler im System, sondern im System selbst angelegt.

Gentrifizierung ist nur im Rahmen einer kapitalistischen Stadtproduktion vorstellbar; das heißt, die kapitalistische Inwertsetzung von Stadt (ihrer baulichen Infrastruktur wie ihrer kulturellen Urbanität) ist die Basis jedes Gentrifizierungsprozesses – solange diese Logik gilt, können Verdrängungsprozesse nur eingedämmt werden.

Gentrifizierung spiegelt den Konflikt zwischen der sozialen und ökonomischen Funktion des Wohnens wider bzw. zwischen dem Gebrauchs- und dem Tauschwert der Stadt. Wie dieser Konflikt strukturiert ist, hängt ganz entscheidend von politischen

Exkurs: Die Finanzialisierung des Wohnens

Die Finanzialisierung des Wohnens ist Teil eines sich ab den 1990er-Jahren durchsetzenden finanzdominierten Akkumulationsregime. Im Finanzmarktkapitalismus sind die Expansion von Anlagekapital und seine Suche nach Anlagemöglichkeiten bestimmend (Aglietta 2000). Global wird mittlerweile mehr Geld auf den Finanzmärkten umgesetzt als in der realen Wertschöpfung von Produktion und Dienstleistungen (Demirović/Sablowski 2013). Diese Restrukturierung des Kapitalismus hat tiefgreifende Effekte auf die soziale Organisation unserer Gesellschaft, auch im Bereich des Wohnens (Heeg 2013). Die Suche des überakkumulierten Kapitals nach Investitionsmöglichkeiten hat sich weltweit ausgedehnt und dabei zunehmend Immobilienmärkte, sogenanntes Betongold, als vermeintlich sichere Anlagehäfen entdeckt.

Von Finanzialisierung von Immobilien spricht man, wenn sie in *financial assets*, in Finanzanlageobjekte, umgewandelt werden. Die Finanzwirtschaft war immer schon wichtig für den Wohnungsbau, da die hohen Investitionssummen, die über einen langen Zeitraum gebunden sind, nur über Kredite finanziert werden können. Mit der Finanzialisierung des Wohnens geht es aber nicht länger um das Bereitstellen von Krediten für die Wohnungsproduktion, sondern darum, globale Finanzströme zu kanalisieren.

In Deutschland boten vor allem die großen *En-bloc*-Verkäufe im Zuge der Privatisierung kommunaler und betrieblicher Wohnungsbestände die Möglichkeit zum Einstieg finanzialisierter Wohnungsmarktakteure (Unger 2016). Die Käufer sind institutionelle Anleger, die das Geld aus Investitionsfonds, Pensionsfonds, Lebensversicherungen und Hedge-Fonds investieren. In Nordrhein-Westfalen hält Vonovia als größter deutscher Vermieter mittlerweile knapp 350.000 Wohneinheiten, in Berlin die *Deutsche Wohnen* als zweitgrößter Anbieter über 150.000. Diese Akteure verfolgen andere Verwertungsstrategien als klassische Wohnungsmarktakteure. Sie haben keine Kompetenzen im Wohnungsbau und verfolgen kurzfristigere Renditeinteressen. Die neuen finanzmarktdominierten Akteure sind nicht an einer langfristigen Bewirtschaftung ihrer Bestände interessiert, sondern bewirtschaften einzelne Segmente je nach Verwertungsstrategie unterschiedlich. So werden ausgewählte Wohnungen – meist die in guter Lage – modernisiert, um durch die Umlage der Kosten die Miete bzw. den Quadratmeterpreis für einen Weiterverkauf zu erhöhen. Für andere Teilbestände verfolgen die Wohnungsunternehmen dagegen eine gezielte Desinvestitionsstrategie. Das heißt, sie setzten nicht genügend Geld zur Instandhaltung ihrer Gebäude ein, sparen so zwar Geld, aber nehmen in Kauf, dass ihre Bausubstanz langfristig an Wert verliert und sich die Wohnverhältnisse für Mieter_innen verschlechtern.

Mieter_innen dieser Bestände haben sich mittlerweile in Nordrhein-Westfalen und Berlin organisiert. Auch überregional vernetzen sich die Mieter_innen und teilen Strategien im Umgang mit den großen, anonymen Vermieterstrukturen.

Strukturen ab. Um also Gentrifizierung und sich daraus ergebende Mieter_innenproteste verstehen zu können, wird im Folgenden das Paradigma der neoliberalen Stadt vorgestellt.

Die neoliberale Stadt

Neoliberalismus bzw. Neoliberalisierung sind vielfach als eine neue Wirtschafts- und Gesellschaftsordnung, die sich ab den 1970er-Jahren weltweit durchgesetzt hat, beschrieben worden. Als Wirtschaftsordnung grenzt sich der Neoliberalismus von der fordistisch-keynesianischen, antizyklischen Wirtschaftspolitik, die über eine Steigerung der Nachfrage Einfluss auf das Wirtschaftswachstum zu nehmen suchte, ab, indem er sich an der Angebotsseite orientiert. Diese müsse angeregt werden, um Wirtschaftswachstum zu stimulieren. Als Gesellschaftsordnung ist das Ziel des neoliberalen Projektes, alle Lebensbereiche zu kommodifizieren und damit der ökonomischen Verwertung zu erschließen.

Um das zu erreichen, setzte in Deutschland ab den 1980er-Jahren eine tiefgreifende Umstrukturierung staatlicher und institutioneller Steuerung ein: «Während neoliberale *Ideologie* eine Utopie freier Märkte anstrebt, die von jeglicher staatlichen Einmischung ‹befreit› sind, hat das neoliberale Projekt in der *Praxis* sogar der Intensivierung staatlicher Intervention bedurft, sowohl um (diverse Formen von) Marktherrschaft durchzusetzen als auch um die Konsequenzen und Widersprüche dieser Vermarktlichung zu verarbeiten bzw. managen» (Mayer 2013; 157). Die städtische Ebene spielte bei der Entwicklung und Durchsetzung neoliberaler Regierungstechniken eine besondere Rolle. In der sogenannten Roll-Back-Phase der Neoliberalisierung in den 1970er-/1980er-Jahren wurden wohlfahrtsstaatliche Instrumente rückgebaut. Städte wurden die Orte, an denen die Verwerfungen durch den Rückbau des Sozialstaates am spürbarsten wurden und an denen sich Widerstand formierte und Konflikte entstanden. Deshalb wurden die Städte in der folgenden Roll-Out-Phase der Neoliberalisierung in den 1990er-Jahren das Experimentierfeld für neoliberale Politiken und Regierungstechniken, die die Einhegung dieser Konflikte anstrebten. Diese Doppelstrategie des neoliberalen Projekts – die Zerlegung kollektiver, umverteilender Institutionen und die Etablierung neuer, marktgängiger Institutionen aus den Scherben dieser Zerlegung – ist als kreative Destruktion bezeichnet worden (Brenner/Theodore 2002).

Austerität und Sparpolitik sind ein Kernstück des neoliberalen Projekts. Ausgeglichene Haushalte sollen u.a. das Vertrauen von Unternehmen und Investoren sichern und sie so zu Investitionen anregen. Während die Umverteilung von oben nach unten durch den behaupteten Sickereffekt niemals eintritt, funktioniert die Umverteilung von unten nach oben durch die Implementierung von Austeritätspolitiken und die damit verbundene Kostenübernahme von Investitionsrisiken durch die Gesellschaft ganz hervorragend. «Cities are (…) where austerity bites», wie es Peck ausdrückt, denn durch die Verschiebung politischer Verantwortung auf supranationale Ebene können Kommunen sich zwar nicht gegen die Sparzwänge wehren, müssen ihre sozialpolitischen Konsequenzen aber ausführen (Peck 2012: 629).

In der neoliberalen Politik kommt dem privaten wie dem zivilgesellschaftlichen Sektor eine immer stärkere Rolle bei der

Übernahme von Governance-Funktionen zu. In der Zusammenarbeit zwischen staatlichen Institutionen, privaten Unternehmen und zivilgesellschaftlichen Trägern entstehen flexible und dezentrale Governance-Strukturen, die sich einer demokratischen Legitimation oder Kontrolle weitgehend entziehen.

Das zentrale Prinzip, dass der Neoliberalismus durchzusetzen sucht, ist der Wettbewerb. Dieser Wettbewerb muss aktiv hergestellt werden, ist also nicht natürlich gegeben. Einerseits soll der Staat den Markt herstellen und sein Funktionieren durchsetzen, andererseits sollen die Logiken und Rationalitäten des Marktes auch auf die Politik und die Gesellschaft im Allgemeinen übertragen werden (vgl. Rosol 2013). Zur Durchsetzung dieser Rationalität des Ökonomischen auch im Sozialen schafft der Neoliberalismus unternehmerische Subjekte (Bröckling 2007).

Auch für städtische Politiken lässt sich die Neoliberalisierung der Politik feststellen. Wurden die Städte in der Wissenschaft in den 1970er-Jahren noch als Orte des «kollektiven Konsums» (Castells 1977) gesehen, werden sie nun als «Unternehmen» (Mayer 1990) bezeichnet. Erfüllte die fordistische Stadt Aufgaben der sozialstaatlichen Verwaltung und Verteilung, funktioniert sie heute nach dem Vorbild des betriebswirtschaftlichen Managements als unternehmerische Stadt (Harvey 1989).

Unternehmerische Logiken wurden zum Beispiel auf städtische Verwaltungen übertragen. In Deutschland wurde das *new public management* in vielen deutschen Kommunen eingeführt (Lebuhn 2007, Silomon-Pflug 2018). Ziele dieser Verwaltungsreformen waren die Effizienzmaximierung und die Kontrolle der Ausgaben. Tatsächlich haben sie auch Privatisierungsmechanismen implementiert und für ein grundsätzlich neues Verhältnis der Bevölkerung zu ihrer Verwaltung gesorgt: sie werden nun als Kunden satt als Bürger_innen betrachtet.

Neoliberale Stadtpolitik ist auf eine Kommodifizierung der Stadt gerichtet: Städtische Infrastrukturen, wie zum Beispiel Wohnraum, werden an Private verkauft. Auch öffentliche Einrichtungen wie Kulturbetriebe, Schwimmbäder und sogar Schulen werden zunehmend einer Logik der Profitgenerierung unterstellt. Öffentlich-Private-Partnerschaften sind ein weiterer Mechanismus der Ökonomisierung der städtischen Politik. Öffentliche Aufgaben und Infrastrukturen werden an Private ausgelagert, weil die öffentliche Hand sich davon geringere

Ausgaben erhofft. Dahinter steht die Annahme, private Unternehmen wirtschafteten immer effizienter und damit sparsamer als öffentliche. Die Realität zeigt, dass diese Rechnung selten aufgeht. Die privaten, auftragnehmenden Unternehmen sichern sich in ihren Verträgen gegen eventuelle Mehrkosten ab, sodass im Endeffekt mögliche Gewinne privatisiert, Verluste aber fast immer sozialisiert werden (Engartner 2016).

Durch die dezentrale Verlagerung nationalstaatlicher Kompetenzen in die Kommunen entsteht eine unmittelbare Konkurrenz der Städte untereinander: «Stadt [ist] im Konkurrenzkampf um Investitionen, Arbeitskräfte, Kulturschaffende und ‹Kreative›, nationale Fördermittel sowie finanzielle, administrative und informelle Kontroll- bzw. Befehlsfunktionen [um sich] möglichst gut zu positionieren, um darüber die private Kapitalakkumulation mittels harter und weicher Standortfaktoren zu stimulieren» (Mullis 2011: 21). Standortvorteile können auf kommunaler Ebene zum Beispiel durch Steuererleichterungen für Investoren oder Gewerbetreibende erreicht werden. Die niedrige Besteuerung von Kapitalanlegern wird zum Segen für die ganze Bevölkerung erklärt. Aber selbst für Städte, die in dieser Konkurrenz weit oben stehen, ergeben sich positive Effekte nur für einen sehr kleinen Teil der Bevölkerung. Denn diese Städte ziehen vor allem renditeorientiertes Investitionskapital an, das seine Renditen zum Beispiel über Mietsteigerungen realisieren möchte. Arbeitsplätze, gar mit hohen Löhnen, von denen diese Mietpreise bezahlt werden können, schafft das Investitionskapital dagegen kaum.

Diese Politik ist es, die vermehrt zu Gentrifizierung führt: Um für Investoren, wie Steuerzahler attraktiv zu werden oder zu bleiben, treiben Städte die Aufwertung von Nachbarschaften voran. Diese Aufwertung ist mit Verwertungsinteressen gekoppelt und führt so zu Verdrängung von einkommensärmeren Bewohner_innen. Betrachtet man Gentrifizierung als Teil neoliberaler Stadtpolitik wird klar: Sie ist weder ein natürlicher Prozess noch ein Unfall, sondern eine gezielte bevölkerungspolitische Strategie.

2. Gentrifizierung. Erklärungen und Arten

In der Gentrifizierungsforschung sind die Ursachen für Aufwertung und Gentrifizierung verschieden erklärt worden: Lange Zeit stritten sich Wissenschaftler_innen in zwei Lagern darum, ob die städtischen Umstrukturierungsprozesse auf eine veränderte Nachfrage durch Mittelschichten und deren Rückkehr aus Suburbia in die Innenstädte zu erklären sei oder ob Veränderungen auf der Angebotsseite der Immobilienwirtschaft Auslöser von Gentrifizierung seien. Welche Erklärung für die Ursachen der Gentrifizierung gewählt wird, ist wichtig, weil diese Entscheidung zu unterschiedlichen Lösungsansätzen führen kann.

Dieses Buch verwirft Erklärungen, die Gentrifizierung auf individuelle Konsumentenentscheidungen zurückführt, wie dies manche Protagonist_innen der nachfrageseitigen Erklärungsansätze tun. Aber nicht alle Argumente dieser Seite können ignoriert werden. Für ein Verständnis von Gentrifizierung als Bevölkerungspolitik, wie es am Ende dieses Kapitels vorgestellt werden soll, haben die strukturell argumentierenden, nachfrageseitigen Erklärungsansätze ebenso viel beizutragen wie die angebotsseitigen. Nachdem diese beiden Richtungen im Folgenden vorgestellt werden, zeigen die Unterkapitel zu kulturellen Dynamiken der Aufwertung, zur Rolle des Staates in Gentrifizierungsprozessen und zur Strategie der Bevölkerungspolitik wie beide Ansätze integriert werden können.

Nachfrageseitige Erklärungsansätze

Nachfrageseitige Erklärungsansätze sehen die veränderte Nachfrage von Mittelschichtshaushalten als die Ursache von Gentrifizierungsprozessen (Friedrichs 2000, Dangschat 1988b, Friedrichs/Blasius 2016). Anstatt ihr Glück im Einfamilienhäuschen in der Vorstadt zu suchen, ziehen diese Haushalte wieder vermehrt in die Innenstädte. Wo diese Erklärung über das einfache Feststellen individueller Konsumentenentscheidungen hinausgeht, macht sie sozioökonomische und soziokulturelle Transformationsprozesse seit den 1970er-Jahren hinter der veränderten Nachfrage aus (Frank 2017b, Frank 2014).

Der Wandel von der Industrie- zur Dienstleistungsgesellschaft hat die Berufe des kreativen Sektors in Kultur, Wissenschaft,

Information und Kommunikation, Beratung und Verwaltung gestärkt und zur Herausbildung einer neuen Mittelschicht geführt. Deren Jobs sind zunehmend in den Innenstädten angesiedelt, denn die Dienstleistungsökonomie mit ihrer wissens- und kulturbasierten Funktionsweise zieht Städte als Standorte vor. Deshalb sind Innenstädte auch als Wohnort für Mittelschichten wieder attraktiv geworden (Ley 1996). Neben dieser Tertiarisierung der Arbeitswelt lassen auch die zunehmende Flexibilisierung und Prekarisierung von Arbeitsverhältnissen das Leben im Einfamilienhaus im Vorort, das über Jahrzehnte abbezahlt werden muss, unattraktiver werden.

Neben diesem sozioökonomischen Wandel spielen soziokulturelle Transformationsprozesse eine wichtige Rolle in der Erklärung der «Renaissance der Innenstädte». Dieser soziokulturelle Wandel ist mit Stichworten wie Individualisierung und Pluralisierung der Lebensformen, Enttraditionalisierung der Geschlechterbeziehungen und Lebensstilorientierung beschrieben worden: «Im Zuge dieser Entwicklungen entstehen neue Erwerbs- und Geschlechterarrangements sowie neue Familien- und Haushaltsmodelle, zu denen das fordistische Wohnen in monofunktionalen, standardisierten, konventionellen ‹Häuschen im Grünen› abseits der städtischen Zentren alltagsorganisatorisch, lebensstilbezogen und oftmals auch ästhetisch-geschmacklich nicht mehr recht passt» (Frank 2014: 363).

Demographisch verkleinern sich die Haushalte immer mehr, da weniger oder später Kinder geboren werden, die Scheidungsrate steigt und Ehen später geschlossen werden. Dahinter stehen nicht zuletzt einige Veränderungen im Familienrecht, die außereheliches Zusammenleben und Frauen eine Arbeitstätigkeit auch ohne Einverständnis des Ehemannes erlauben. Änderungen im Mietrecht fördern die Bildung von Wohngemeinschaften. Die Emanzipation der Frauen von ihrer (einzigen) Rolle als Hausfrau und Mutter und ihre zunehmende Berufstätigkeit machen das vorstädtische Lebensmodell unattraktiv. Die monofunktionalen Wohnsiedlungen ohne soziale Infrastruktur, wie Kindergärten oder Einkaufsmöglichkeiten, werden den neuen Lebensmodellen und der veränderten geschlechtlichen Arbeitsteilung nicht mehr gerecht. Innerstädtische Wohnviertel bieten dagegen kurze Wege zu Arbeits- und Ausbildungsplatz, zum Einkaufen und zu kulturellen Freizeiteinrichtungen.

Exkurs: Von der fordistischen zur neoliberalen Wohnungspolitik

Die Ausprägung von Gentrifizierungsprozessen ist eng mit den spezifischen Wohnungspolitiken zu unterschiedlichen Zeiten verbunden. In (West)-Deutschland dominierte bis in die 1970er-Jahre eine fordistische Wohnungspolitik, die dann zunehmend neoliberalisiert wurde (Hanauske 1995).

In der Nachkriegszeit reagierte die Politik auf den massiven Wohnraummangel durch die Einführung des öffentlich geförderten sozialen Wohnungsbaus. Mit immensem Mittelaufwand wurde massenhafter Mietwohnungsbau gefördert. Durch diese Förderung waren die Sozialwohnungen miet- und belegungsgebunden. Das heißt, dass es Vorgaben dazu gab, wer dort einziehen durfte und wie hoch die Miete war, die er zu zahlen hatte. Dieser soziale Wohnungsbau war aber kein ausschließlich staatlicher oder öffentlicher Wohnungsbau. Dem korporatistischen Wohlfahrtsstaatregime entsprechend, wurde der soziale Wohnungsbau von öffentlichen und privaten, teilweise gemeinnützigen und kollektiven Trägern erstellt. Ziel dieser Wohnungsmarktpolitik war nicht nur die Befriedigung von Wohnbedürfnissen von «breiten Schichten des Volkes» (§1 II WoBauG 1957), sondern gleichzeitig die Ankurbelung der Bau- und Kreditwirtschaft. Sozialwohnungen blieben die erstellten Wohneinheiten nur so lange, bis die öffentliche Förderung zurückgezahlt war. Da danach keinerlei öffentliche Kontrolle über den Wohnungsbestand mehr besteht, sprechen kritische Wissenschaftler_innen von einer «sozialen Zwischennutzung» (Holm/Hamann/Kaltenborn 2016).

Neben der staatlichen Förderung von sozialen Mietwohnungen spielte die Förderung von Wohneigentum von Anfang an eine wichtige Rolle in der westdeutschen Wohnungspolitik – und tut es bis heute. Mit der Förderung von Wohneigentum verbanden sich schon immer weitergehende politische Interessen. Wie es der damalige Bundeswohnungsbauminister Paul Lücke (CDU) 1958 ausdrückte: Eigenheime müssen gefördert werden, damit «in Krisenzeiten genügend Eigentümer bereit sind, Eigentum als Institution zu verteidigen» (zitiert in Neef 1981: 238).

Diese Eigenheimförderung stimulierte die Suburbanisierung und damit die Vorbedingung von Gentrifizierung. Die Wohnstandortentscheidung von Mittelschichten richtete sich also auch in der fordistischen Phase nicht (nur) nach lebensstilorientierten Entscheidungen.

Durch den fordistischen Massenwohnungsbau sind zahlreiche modernistische Siedlungen in städtischen Randlagen entstanden. Die Restaurierung des innerstädtischen Altbaubestands und damit die Verbesserung der Lebensverhältnisse der dort lebenden ärmeren Schichten hatte dagegen keine Priorität. Für diesen galten, vor allem in den Großstädten, noch lange Zeit Mietobergrenzen. Mit der Ausrufung von Sanierungsgebieten in innerstädtischen Vierteln wurde die soziale Segregation und der Verfall der Bausubstanz weiter staatlich befördert. Die Entstehung der «benachteiligten» Viertel, die später dann gentrifiziert wurden, war also kein natürlicher Prozess, sondern Ergebnis politische Steuerungsprozesse.

Ab den 1970er-Jahren neoliberalisierte sich die Wohnungspolitik Westdeutschlands zunehmend. Durch das Auslaufen der Belegungsbindungen schrumpften die Bestände an sozialem Wohnungsbau ständig.

Um die sozialen Verwerfungen der abnehmenden Regulierung abzufedern, wurde mit dem Wohngeld eine Subjektförderung – statt einer Objektförderung, des Baus von Gebäuden, – eingeführt, mit dem die Miete von als bedürftig definierten Gruppen direkt subventioniert wird.

Ab den 1980er-Jahren werden zahlreiche kommunale Wohnungsbaubestände verkauft. Möglich wird dies auch durch die Abschaffung der Wohngemeinnützigkeit im Jahr 1990. Mit dieser war es möglich gewesen, Fördergelder gezielt an gemeinnützige Träger zu vergeben, die im Gegenzug dafür Steuererleichterungen bekamen und ihre Verwertungsmöglichkeiten einschränken mussten.

Durch diese Liberalisierungen, Deregulierungen und Privatisierungen der vormals staatlich regulierten Wohnungsmarktbereiche ist das der staatlichen Regulierung unterliegende Wohnungsmarktsegment drastisch geschrumpft.

Die Änderung des Wohnraumförderungsgesetzes im Jahr 2001 führte zu einer Residualisierung der sozialen Wohnraumversorgung. Das heißt, dass nun nicht die breiten Massen, sondern eine Gruppe von besonders Benachteiligten Zielgruppe der Förderung ist. Einen gesamtgesellschaftlichen Anspruch jenseits des Ausgleichs der krassesten Marktfolgen hat man damit aufgegeben. Verdrängung durch Gentrifizierung wurden Tür und Tor geöffnet.

Auch dem veränderten Lebensstil kommen innerstädtische Wohnlagen eher entgegen. Das Bedürfnis nach Selbstverwirklichung, nach individueller Freiheit und weniger sozialer Kontrolle im Nachgang der ´68er kann in den anonymeren, architektonisch weniger monotonen und sozial wie ethnisch diverseren Innenstadtvierteln besser befriedigt werden. Die an Unterscheidung und Destinktion orientierten neuen Lebensstile lassen sich besser in den als dicht und heterogen wahrgenommenen Innenstädten realisieren (Häußermann/Siebel 1987). Die Ausdifferenzierung der neuen Mittelschichten nach Lebensstilen, normativen Orientierungen und Konsumverhalten lässt das Leben in einem angesagten Viertel zum Distinktionsmittel werden. Wohnen bzw. der Wohnort wird zum Ausdruck der eigenen Identität.

In der Stadt angekommen, beeinflussen die Mittelschichtshaushalte ihr neues Wohnumfeld. Im Bestand verändern sie die soziale Infrastruktur und das Dienstleistungs- und Freizeitangebot. Sie gründen Kitas und Schulen, wollen Sicherheit und soziale Homogenität und verdrängen so direkt und indirekt andere Bevölkerungsgruppen aus dem öffentlichen Raum und den Wohnungen. Auch im Neubau macht sich die Ankunft der neuen Mittelschichten bemerkbar. Susanne Frank spricht in diesem Zusammenhang von einer inneren Suburbanisierung (Frank

2013). Die neu entstehenden Siedlungen erinnern in ihrer Qualität und Ästhetik, in ihrer Abgeschlossenheit und sozialen Homogenität an Suburbia.

Die nachfrageseitigen Erklärungsansätze, die die neoklassische ökonomische Theorie der Konsumentensouveränität bemühen und die Rückkehr der Mittelschicht in die Innenstädte als individuelle Konsumentenentscheidungen erklären, führen zu einer verkürzten Problemdiagnose und damit auch zu verkürzten Lösungsvorschlägen.

In manchen öffentlichen wie wissenschaftlichen Debatten werden, aufbauend auf nachfrageseitige Erklärungsansätze, Künstler_innen und junge Kreative als Auslöser der Gentrifizierung beschrieben. Der Konflikt, der eigentlich zwischen den Interessen von Investoren und (mehr oder weniger armen) Stadtbewohner_innen verläuft, wird in diese Stadtbewohner_innen hineinverlagert. Es heißt dann: ärmere Schichten versus Mittelschicht. Anstatt strukturelle impliziert die Rede von Gentrifiern gruppenbezogene Lösungen. Diese Interpretation führt dazu, dass bestimmte Gruppen von Menschen angefeindet werden. Diskurse, in denen Künstler_innen oder junge «Kreative» als das Problem hinter Verdrängung beschrieben werden, sind Ablenkung von den tatsächlichen – immobilienwirtschaftlichen und politischen – Mechanismen und Akteuren hinter der Gentrifizierung und werden deshalb besonders gerne von der konservativen Presse aufgegriffen.

Strategien gegen Gentrifizierung, die sich aus der nachfrageseitigen Erklärung ableiten, richten sich gegen die neu zuziehende Mittelschicht bzw. gegen die symbolische Aufwertung der Nachbarschaft. Gezielte (ästhetische) Abwertungen durch beschmierte Hauswände und Beschimpfung von (vermeintlich) Neuzugezogenen, die Zerstörung von Symbolen und neuen Infrastrukturen dieser wohlhabenderen Schichten (Autos, Restaurants, Gewerbe) sind in manchen deutschen Städten zu beobachten. Sie sind aber nicht die Strategie der organisierten Mieter_innenbewegungen, sondern eher von linksradikalen Gruppen und Einzelpersonen. Die in der Arbeiter_innenschicht der Nachbarschaft verankerten Mieter_inneninitiativen würden kaum auf die Idee kommen, ihre Nachbarschaft bewusst abzuwerten. Im Gegenteil fordern sie dazu auf, ihre Viertel lebenswerter zu machen. Deattraktivierungsstrategien gehen dagegen oft von Menschen aus, die selbst zur Mittelschicht zu zählen sind und die damit vermutlich auch identitäre Abgrenzungsprobleme zu den neu hinzugezogenen Hipstern kompensieren.

Ein weiteres Problem mit diesen Abwertungsstrategien ist ihre Integration in den Verwertungsprozess: Auch widerständige Subkultur wird mittlerweile ins Stadtteilimage eingegliedert, verspricht sie doch genau jene Authentizität, die für die Vermarktung hilfreich ist.

Das Verhältnis von Mittelschicht und Gentrifizierung ist ein schwieriges. Eine eigene Emanzipationsbewegung – raus aus der sozialen Kontrolle der Vorstadt – führt sie in innerstädtische Arbeiter_innenviertel, dort verdrängen sie ärmere Haushalte, sind aber mittlerweile zumindest teilweise von Mietsteigerungen und Verdrängung bedroht. Susanne Frank teilt das Verhältnis von Mittelschichten und Gentrifizierung in drei Phasen ein (Frank 2017). In der ersten Phase in den 1970er- und 1980er-Jahren ist ihr Zuzug in die Innenstädte eine Emanzipationsstrategie, eine Gegenbewegung zur Suburbanisierung und der damit verbundenen normierenden, autoritären und patriarchalen fordistischen Gesellschaft. Die Flucht aus Suburbia ist eine Flucht aus dieser Gesellschaft: «eine von standardisiertem Konsum geprägte, durchregulierte, ethnisch und sozial segregierte, heteronormative Gesellschaft mit einer scharfen Trennung von Arbeit und Leben, einer klaren, nämlich der traditionellen geschlechtsspezifischen Arbeitsteilung und insgesamt festgefügten Rollenkonzepten und Lebensentwürfen, die den Einzelnen kaum Spielraum für Entfaltung lassen» (Frank 2017b: 90). Sozial gemischte innerstädtische Quartiere werden zum Sehnsuchtsort derjenigen, die diesem engen Leben entkommen wollen: Frauen, Homosexuelle, Nonkonformisten.

In der zweiten Phase der 1990er-Jahre setzt sich die neoliberale Hegemonie durch. Wettbewerbliche und marktwirtschaftliche Logiken erfassen alle Lebensbereiche und bestimmen alle Handlungslogik – auch die in den Innenstädten aufgebauten subkulturellen Nachbarschaften. Yuppies und Mittelschichtsfamilien prägen die Gentrifizierung und die Diskurse um sie. Sie verfolgen keine Emanzipationsmotive, sondern streben nach sozialer Distinktion und Sicherheit. Die Folge ist, dass die innerstädtische Diversität nicht mehr willkommen geheißen wird, sondern sich von dieser abgegrenzt werden muss. Die soziale

Absonderung in homogenen Netzwerken der Mittelschicht in den gentrifizierten Gebieten ist die Folge (Butler/Robson 2003). Mit den Kindern der ärmeren Haushalte sollen diejenigen der neuen Mittelschicht nichts zu tun haben, eigene soziale Orte und soziale Infrastruktur werden geschaffen. Frank beschreibt noch eine dritte Phase, die spätestens nach der Finanzkrise eingesetzt habe. Gentrifizierung ist in ihr zum Kampfbegriff sozialer Bewegungen geworden, ebenso wie zum weit verbreiteten Inbegriff der Neoliberalisierung aller Lebensbereiche, die kritisiert wird. Im Unterschied zur vorherigen Phase sehen Mittelschichtshaushalte Gentrifizierung nun ihrerseits kritisch. Diese These Franks wird gestützt von der Beobachtung, dass viele Mieter_innenproteste heute von einer Allianz aus ärmeren Schichten und der prekarisierten Mittelschicht getragen werden.

Angebotsseitige Erklärungsansätze

Angebotsseitige Erklärungen führen Gentrifizierung auf die kapitalistische Strukturiertheit von Bodenmärkten und das Investitionsverhalten der Immobilienwirtschaft zurück. Hier stehen also die ökonomischen Faktoren der Stadtproduktion im Mittelpunkt der Erklärung. Die Angebotsseite, also die Investoren und ihr Investitionsverhalten, werden als Ursache für Gentrifizierung ausgemacht. Holm unterscheidet drei Hauptargumente der angebotsseitigen Erklärungsansätze (Holm 2010b): Makroökonomisch unterliegen die Investitionen in Immobilienmärkte immer Zyklen, also Phasen, in denen mehr und Phasen, in denen weniger bzw. nicht investiert wird; mikroökonomisch entstehen so Ertragslücken (*rent gap*), die Investoren ausnutzen können, um Profite zu machen; damit verbunden ist oft ein Übergang von der Renten- zur Renditeökonomie (s.u.) der Eigentümerstruktur.

Neil Smith, US-amerikanischer Geograph und einer der wichtigsten Theoretiker der Gentrifizierung, vertritt die Argumente der ökonomischen Erklärungsansätze: Für ihn ist klar, Gentrifizierung ist eine Bewegung zurück in die Stadt – allerdings von Kapital und nicht von Menschen (Smith 1979). Smith argumentiert, dass bereits die Suburbanisierung ein Effekt von Kapitalbewegungen war und nicht der individuellen Konsumentenentscheidungen. Dass viele Menschen lieber in Vororten als in der Innenstadt leben wollten, ist von ganz konkreten Institutionen, Akteuren und ökonomischen Mechanismen beeinflusst worden – ebenso wie dieser Tage die «Renaissance der Innenstädte». So spielte in den USA zum Beispiel die Kreditvergabe für den Hauskauf eine zentrale Rolle für die Wohnentscheidung und beeinflusste die *white flight* (engl. weiße Flucht) in die Suburbs entscheidend. Für Deutschland wurden bereits die Auswirkungen der innerstädtischen Sanierungsgebiete der 1970er-Jahre auf die Wohnbevölkerung und die so forcierte Abwanderung in randstädtische Neubauquartiere oder Vorstädte beschrieben. Auch die Gentrifizierung wird nicht durch individuelle Entscheidungen angestoßen, sondern durch die Entscheidungen verschiedener Akteure der Immobilienwirtschaft oder der Politik.

Warum es in der kapitalistischen Stadtproduktion zu solchen zyklischen Schwankungen und Hin- und Her-Bewegungen von Kapital kommt, wurde oben bereits beschrieben. In makroökonomischen Entwicklungen liegt der Grund, warum es für Kapital in bestimmten Phasen besonders attraktiv ist, in Immobilien zu investieren. Die Entscheidung von Marktakteuren darüber, ob sie in (Wohn-)Immobilien investieren, hängt weniger von einem tatsächlichen Bedarf an Wohnraum ab, sondern von makroökonomischen Entwicklungen. Es ist also logisch, dass in regelmäßigen Abständen sogenannte «Wohnungskrisen» entstehen (Schönig 2017), denn ob in einer Stadt gerade Wohnraum in einem bestimmten Preissegment gebraucht wird, bestimmt das Handeln der Investoren nur bedingt.

Aus den makroökonomischen Entwicklungen und lokal unterschiedlichen Bedingungen ergeben sich auf mikroökonomischer Ebene unterschiedliche Investitionsbedingungen für Immobilienmarktakteure. Neil Smith hat eine Theorie entwickelt, die erklärt, wann es für die Immobilienwirtschaft attraktiv ist, in einer Nachbarschaft zu investieren: die Rent-gap- oder Ertragslücke-Theorie (Smith 1979, vgl. Holm 2010b, Schipper 2017): Diese Rent-gap-Theorie basiert auf der marxistischen Kategorie der Grundrente. Damit ist die Geldsumme gemeint, die ein Grundstückseigentümer jährlich aus der Verpachtung seines Grundstücks erhält. Da davon auszugehen ist, dass immer verschiedene Kapitalien um die Nutzung des Bodens konkurrieren, setzt sich dasjenige durch, das am meisten Pacht oder Miete für das Grundstück zu bezahlen in der Lage ist.

Auf mikroökonomischer Ebene lohnt es sich für Marktakteure zu investieren, wenn eine sogenannte Ertragslücke (ein *rent gap*) vorliegt. Damit ist der Unterschied in der gegenwärtig erzielten Grundrente und der potentiell zu erzielenden Grundrente eines Grundstücks gemeint – wenn also mit einer anderen Nutzung mehr Geld verdient werden könnte. Diese Wette auf eine profitablere Nutzung erzeugt eine spekulative Ertragserwartung. Normalerweise wird der Bodenpreis auf Basis der tatsächlichen regelmäßigen Einnahmen aus der Nutzung des Bodens, z. B. einer Wohnimmobilie, berechnet. In Gentrifizierungsgebieten ist dies nicht mehr der Fall, dort wird auf eine zukünftige Entwicklung spekuliert. Investoren zahlen also nicht mehr den Preis, den ein Grundstück zu diesem Zeitpunkt tatsächlich wert ist, sondern wetten darauf, dass sich dieser Wert steigert, dass sie also höhere Einnahmen als mit der momentanen Nutzung erzielen können.

Die Lücke zwischen der aktuell kapitalisierten Grundrente und der höchst möglichen Grundrente entscheidet, ob es sich lohnt zu investieren. Ist diese Lücke groß genug, lassen sich Renditen erwirtschaften. Große Lücken gibt es vor allem dort, wo jahrelang nicht in die Wohnimmobilien investiert wurde. Der stetige Verfall und Wiederaufbau und damit die permanente Krisenhaftigkeit der Wohnraumversorgung sind also gleichzeitig Voraussetzung und Produkt von Gentrifizierungsprozessen.

Da es das Ziel von Investoren ist, die Ertragslücke zu schließen, also die von ihnen erzielte Grundrente zu erhöhen, muss es zu Verdrängung kommen. Da davon auszugehen ist, dass auch der ursprüngliche Vermieter die höchstmögliche Miete bei einer bestimmten Zahlungsfähigkeit der Mieter_innen herausgeholt hat, muss notwendigerweise diese Mieter_innenschaft ausgetauscht werden. Nur so kann eine höhere Miete verlangt werden, die die Investition erst lohnenswert macht: «Eine erfolgreiche Realisierung der potenziell möglichen Erträge durch die höchste und bestmögliche Nutzung der Grundstücke muss dabei notwendigerweise die aktuellen Nutzungen und Ertragsstrukturen überwinden» (Holm 2014b: 102).

Die abstrakten Kategorien der politischen Ökonomie der Rent-gap-Theorie lassen sich nicht so einfach in empirisch messbare Indikatoren umwandeln. Für deutsche Mietwohnungsmärkte wurden die steigende Differenz zwischen Bestands- und

Angebotsmieten (Holm/Schulz 2016) und überproportional steigende Bodenpreise herangezogen (Mösgen/Schipper 2017).

Gentrifizierungsprozesse hängen eng mit dem Wandel der Eigentümerstruktur von Immobilien und Grundstücken zusammen. Der Wechsel von Eigentümern ist dabei sowohl Ursache als auch Folge der Gentrifizierung. Vor Gentrifizierungsprozessen sind die Häuser in vielen (innerstädtischen) Nachbarschaften im Besitz von kleinen Einzeleigentümern, die ein einzelnes oder einige wenige Mehrfamilienhäuser besitzen und über Mieteinnahmen ihren Lebensunterhalt bestreiten. Man spricht hier von einer Rentenökonomie, denn die Eigentümer erwirtschaften eine regelmäßige Grundrente, die zwar nicht übermäßig hoch, dafür aber langfristig kalkulierbar ist. Oftmals verwalten sie diese Häuser auch selbst. Wer einen solchen Vermieter hat, weiß, wie schwierig es sein kann, diesen dazu zu bringen einen tropfenden Wasserhahn oder eine schimmelnde Wand zu beseitigen. Denn Einzeleigentümer lassen ihre Häuser oft verkommen. Sie tun dies entweder, weil ihnen die nötigen Mittel für eine umfassende Instandsetzung fehlen und sie dafür in einem Viertel mit schlechtem Ruf auch nur schwierig Kredite bekommen. Oder sie wollen schlicht ihre Einnahmen erhöhen, indem sie (gesetzlich vorgeschriebene) Instandsetzungsmaßnahmen nicht vornehmen und so einen größeren Anteil der Miete einstreichen können.

Verbessert sich nun der Ruf eines Viertel und wird im Haus nebenan die Miete schon etwas erhöht, wird in der Nachbarschaft ein neuer Park eröffnet oder anderweitig in die öffentliche Infrastruktur investiert, ist zu erwarten, dass die Bodenpreise steigen: Der Gentrifizierungsprozess beginnt. Nicht viele der Einzeleigentümer sind in der Lage, einen Kredit aufzunehmen, um die nötigen Sanierungsmaßnahmen an ihrem Haus vorzunehmen. Dafür lohnt es sich, nun das Gebäude zu verkaufen. Die neuen Eigentümer müssen sich eine Sanierung der Gebäude aber leisten können, da sie sonst die Ertragslücke, wie oben beschrieben, nicht realisieren können. Deshalb sind die neuen Eigentümer selten Einzeleigentümer (mit Ausnahme einzelner finanzstarker Investoren), sondern meistens professionelle Immobilienfirmen oder institutionelle Anleger. Denn diese können sich die zum Kauf und zur Instandsetzung nötigen Kredite leichter besorgen. Um Kosten zu sparen, wird die Verwaltung dieser Häuser rationalisiert, das heißt von professionellen

Firmen übernommen. Wer in seiner Wohnung eine solche Verwaltungsfirma als Ansprechpartner hat, weiß, wie schwierig es sein kann, diese in der halben Stunde Telefonsprechstunde pro Woche, die sie pro Haus zur Verfügung stellt, überhaupt zu erreichen. Der Wasserhahn tropft also auch hier oftmals weiter, die Wand schimmelt vor sich hin.

Anders als der ehemalige Einzeleigentümer, in dessen Besitz sich die Immobilie seit langer Zeit, möglichweise seit Generationen, befand, müssen die neuen Eigentümer nicht nur die Verwaltung und Instandhaltung der Immobilie finanzieren, sondern auch den Kaufpreis. Die tatsächlichen Baukosten eines Altbaus sind zu diesem Zeitpunkt durch die Mieter_innen oft schon vielmals abbezahlt worden. Trotzdem steigen die Mieten nach dem Verkauf, denn der Kaufpreis muss durch die Mieter_innen (oder eine Umwandlung in Eigentumswohnungen) refinanziert werden.

Die neuen professionellen Immobilienfirmen haben ein anderes Verwertungsmodell als die alten Einzeleigentümer. Sie wollen nicht eine langfristige Rente erzielen, sondern eine kurzfristige Rendite realisieren. Deshalb nennt man ihr Verwertungsmodell Renditeökonomie. Die Investition soll sich möglichst schnell lohnen, das heißt, das eingebrachte Kapital soll in einem kurzen Zeitraum möglichst viel Rendite abwerfen. Das ist ein Grund, warum man so viele Umwandlungen von Mietwohnungen in Eigentumswohnungen beobachten kann.

Das angebotsseitige Erklärungsmodell erläutert den generellen Hintergrund von Gentrifizierungsprozessen. Was genau den Beginn eines solchen Prozesses auslöst und welche Akteure dabei eine wichtige Rolle spielen – das erwachte Interesse einer Mittelschicht an einer Nachbarschaft, ein bewusst gesteuerter Imagewandel, eine konzertierte Aktion immobilienwirtschaftlicher Akteure –, kann jeweils unterschiedlich sein und muss für den Einzelfall erforscht werden.

Folgt man dem angebotsseitigen Erklärungsansatz, richten sich Strategien gegen Gentrifizierung gegen die Aktivitäten und Akteure der Immobilienwirtschaft und bestimmte politische Instrumente der Politiker_innen, die diese unterstützen.

Die Ertragslücke-Theorie zeigt: Wie viel eine Wohnung kostet, hängt weniger von ihrer tatsächlichen Qualität ab, also weniger davon wie teuer ihr Bau war oder wie gut sie ausgestattet ist oder wie gut sie an den öffentlichen Nahverkehr angeschlossen ist. Vielmehr hängt der Preis einer Wohnung vor allem von der Besonderheit der Lage der Wohnung ab. Deshalb ist es in Gentrifizierungsprozessen zentral, dass Nachbarschaften diskursiv und baulich aufgewertet werden, dass sie also ein positives Image erhalten und zu attraktiven Wohngegenden für eine Mittel- und Oberschicht werden. Wie dieser Prozess abläuft, wird im folgenden Kapitel dargestellt.

Kulturelle Dynamiken der Gentrifizierung

Betrachtet man die kulturellen Dynamiken der Gentrifizierung, wird klar, dass nachfrageseitige und angebotsseitige Erklärungsansätze integriert werden müssen, um ein vollständiges Bild von Gentrifizierungsprozessen zu erhalten. Denn eine ökonomische Ertragslücke lässt sich nur nutzen, wenn potentielle Investoren an den Imagewandel eines Viertels glauben, wenn sie daran glauben, dass eine Mittelschicht hier gerne wohnen würde. Da wie beschrieben der Wohnstandort für Mittelschichten nun auch ihre Individualität ausdrücken soll, muss er als besonders schön/gut/aufregend beschrieben werden. Die ökonomische Inwertsetzung der Stadt ist auf die symbolische, ästhetische und kulturelle Aufwertung von Nachbarschaften angewiesen. Was in Wert gesetzt wird ist letztlich die Urbanität von Nachbarschaften: die von den dort Lebenden und Arbeitenden geschaffenen sozialen Beziehungen, ihre Infrastruktur. Das von ihnen geschaffene kulturelle Kapital wird enteignet, um es für andere ökonomisch in Wert zu setzen. Die Inwertsetzung oder Kommodifizierung von Kultur und sozialen Beziehungen ist ein Kennzeichen des Neoliberalismus.

Wie vollzieht sich der Übergang von kultureller Aufwertung und ökonomischer Inwertsetzung genau? Die US-amerikanische Wissenschaftlerin Sharon Zukin hat dafür ein Modell entwickelt, dass den Prozess anhand der Phasen der Gentrifizierung beschreibt (Zukin 1987, Zukin 1990). In der postfordistischen, neoliberalen Stadt hat die kulturelle, symbolische Aufwertung von Stadtteilen eine zentrale Rolle in der Stadtentwicklung. Die industrielle, fordistische Stadt diente mit ihrer funktionalen Gliederung der Reproduktion von Arbeitskraft; die neoliberale Stadt ist durch die «Herausbildung von konsumdominierten Räumen [...] geprägt, in denen kulturelle Aktivitäten, aber auch kulturell vermittelte Zuschreibungen an Bedeutung gewinnen» (Holm 2009a: 67). Die Inwertsetzung der Stadt als Konsumraum spiegelt die dominante kapitalistische Akkumulationsweise: «Investitionen fließen weniger in die Produktion, sondern mehr in die Konsumption» (Holm 2009a).

Um zu erklären, wie die kulturell vermittelte Zuschreibung von Bedeutung durch Konsumpraktiken und die damit verbundene ökonomische Inwertsetzung von Stadtteilen funktioniert, greift Zukin auf das Bourdieusche Konzept des kulturellen Kapitals zurück und erweitert es um eine räumliche Dimension. Kulturelles Kapital dient der sozialen Distinktion und prägt das Konsumverhalten. Dieses kulturelle Kapital wird durch den Raum vermittelt in ökonomisches Kapital gewandelt.

In der ersten Phase der Gentrifizierung ziehen junge, gebildete, oftmals «kreative» Menschen in ein Viertel, in dem sie nur wenig Miete bezahlen müssen, weil dort die Häuser heruntergekommen und die Nachbarn arm sind. Sie tun dies, weil sie selbst oft über nur geringe ökonomische Mittel verfügen, aber auch, weil die vernachlässigten Viertel kulturelle Freiräume bieten: Die Brache, auf der ein Garten oder eine informelle Partyreihe eingerichtet werden kann, das günstig anzumietende oder gar kostenfrei besetzte Atelier, leerstehende Gewerberäume für die eigene Kneipe oder den eigenen Buchladen. Das kulturelle Kapital liegt in dieser Phase noch in den Individuen selbst.

In der zweiten Phase ändert sich aufgrund dieser Aktivitäten die Wahrnehmung der Nachbarschaft: Sie ist auf einmal nicht mehr arm und gefährlich, sondern jung und interessant. Dieses neue «Image» wird von Medien in verschiedenster Form aufgegriffen und mitproduziert. Damit ist in dieser zweiten Phase das personengebundene kulturelle Kapital der Zugezogenen zum ortsgebundenen kulturellen Kapital der Nachbarschaft geworden: «Von Aufwertungsdynamiken erfasste Nachbarschaften verwandeln sich dabei von einem Container kultureller Aktivitäten in ein eigenständiges kulturelles Objekt» (Holm 2009a: 70f).

In der dritten Phase wird dieses ortsgebundene kulturelle Kapital dann in ökonomisches Kapital umgewandelt. Nach dieser symbolischen Aufwertung folgt die ökonomische Aufwertung: Hausbesitzer und Immobilienwirtschaft beginnen das neue Image des Viertels zu nutzen und Mieten und Bodenpreise zu erhöhen. Die Immobilienwirtschaft setzt das kulturelle Kapital in Wert, transformiert es also in ökonomisches. Das ortsgebundene kulturelle Kapital verwandelt die Nachbarschaft in einen besonderen Ort. Um in ihm zu wohnen, sind wohlhabendere Schichten bereit, Preise zu bezahlen, die sich nicht aus der Wertigkeit der Bausubstanz oder der infrastrukturellen Anbindung des Viertels erklären lassen. Das Wohnen in einer solchen Nachbarschaft verspricht Distinktion – und damit kulturelles Kapital.

Damit beginnt die Verdrängung ärmerer Schichten aus der Nachbarschaft, da diese sich die steigenden Preise nicht mehr leisten können.

In einer Gesellschaft (seit der 68er-Bewegung), in der das Subkulturelle, das Unangepasste und das Besondere als wertvoll gilt, sind es Künstler_innen, Studierende, die «kreative Klasse» oder (bestimmte) ethnische Gruppen, die durch ihre Anwesenheit und ihre Aktivitäten eine Nachbarschaft kulturell aufwerten können.

In einer Gesellschaft, wie der fordistisch geprägten, hätte man die auf Konformismus bedachte Mittelschicht mit diesen Gestalten wohl nicht aus den Vorstädten locken können. Der heutige kulturelle Mainstream begünstigt aber gerade die (performte oder zugeschriebene) Einzigartigkeit dieser Gruppen. Es ist also kulturell wandelbar, welche Praktiken und Personen für die kulturelle Aufwertung von Nachbarschaften herhalten müssen. Das kann sich auch von Stadt zu Stadt unterscheiden. Was in Berlin als hip gilt, mag in Stuttgart abstoßend auf Mittelschichtsfamilien wirken – und andersherum.

Was in Nachbarschaften kommodifiziert wird, ist in der spätmodernen Gesellschaft letztlich eine wahrgenommene Authentizität. Als authentisch wahrgenommene Nachbarschaften bieten offenbar ein Gefühl der Unmittelbarkeit, der Zugehörigkeit, der Gemeinschaft und des sozialen Zusammenhalts, nach dem sich viele sehnen. Was als authentisch wahrgenommen wird, ist durchaus wandelbar. War die alltägliche Infrastruktur von Arbeiter_innen gerade noch Verwertungsbremse, kann die kulturelle Aufwertung von Eckkneipenkultur als authentisch-urban dies ins Gegenteil verkehren. So zum Beispiel in Berlin geschehen, wo eine queere Partyreihe unter dem Motto «Arm, aber sexy» durch Alt-Berliner Eckkneipen zog. Nur weil Arbeiter_innenkultur in Wert gesetzt wird, heißt das natürlich nicht, dass diese dann in den sich gentrifizierenden Nachbarschaften bleiben dürfen. Es ist ein Charakteristikum der Gentrifizierung, dass sie die kulturellen Strukturen, die sie braucht, zerstört. Genau wie das kulturelle Kapital von Kreativarbeiter_innen, so kann auch das kulturelle Kapital von subkulturellen Akteuren für die ökonomische Inwertsetzung enteignet werden. Ironischerweise geschieht das ausgerechnet mit besetzten Häusern – eigentlich ein Symbol für verfehlte Wohnungspolitik der 1970er- bis 1990er-Jahre. Die autonomen Räume, die dort geschaffen wurden, sind nicht selten zu Keimstätten kultureller Neuerungen geworden. Das haben auch Immobilienwirtschaft und Stadtregierungen erkannt und versuchen, subkulturelle Ort für ihre Politik zu nutzen. In Hamburg wird zum Beispiel die Rote Flora, eigentlich ein Symbol der Widerstandskultur, im Citymarketing benutzt, um das Schanzenviertel kulturell aufzuwerten und letztlich zu kommodifizieren (Birke 2014).

Ebenso wie die Künstler_innen, so können also auch subkulturelle Akteure eine Rolle im Gentrifizierungsprozess spielen. Wieder heißt das nicht, dass diese Personen Schuld an der Verdrängung tragen oder Nachbarschaften mit Absicht in Wertsetzen. Sie sollten sich trotzdem ihrer Rolle und den Mechanismen dahinter bewusst sein, um gerade deshalb zu einem Partner der Mieter_innenbewegung zu werden. Das kulturelle Kapital von Kreativarbeiter_innen und Subkulturellen können diejenigen, die sich gegen Verdrängung zur Wehr setzen, gut gebrauchen: «Statt sich in immer wiederkehrenden Diskussionen über die eigene Pionierrolle in städtischen Aufwertungsprozessen den Kopf zu zerbrechen, wäre es hilfreicher, wenn Künstler_innen oder auch Hausbesetzer_innen sich öfter mal fragten, wie sie Stadtteilinitiativen und Nachbarschaftsorganisationen praktisch unterstützen können» (Holm 2010b: 38f). Anstatt also die Debatte zu moralisieren und in Selbstkasteiung zu verfallen, können Kreative ihre diskursiven, handwerklichen, künstlerischen oder wie auch immer gearteten Fähigkeiten nutzen, um Verdrängung sichtbar zu machen, die Mechanismen dahinter offenzulegen und in die Öffentlichkeit zu tragen; um Demonstrationen durch gute Slogans und ausgefallene Aktionen zu bereichern; um die Veränderung der Nachbarschaft auf eine Art zu erzählen und zu kritisieren, die auch die (ebenfalls mittelschichtsgetragene) Presse und Politiker_innen verstehen; um die eigenen Kompetenzen in Organisierungsarbeit zu teilen. Dazu gilt es, die Nachbar_innen kennenzulernen und damit die eigene habituelle Komfortzone zu verlassen: Kontakt mit Menschen aus anderen Klassen, mit anderen kulturellen Prägungen und anderem Lebensstil kann schmerzhaft sein, weil die eigene Identität in Frage gestellt wird. Nur wenn diese Schwellenangst überwunden wird, kann eine breite, klassenübergreifende Organisierung in der Nachbarschaft gelingen. Dass manche subkulturelle Struktur sich lieber mit der eigenen Identität in innerlinken Abgrenzungen beschäftigt, verhindert solche Allianzen.

Der Prozess der kulturellen Aufwertung ist keineswegs ein «natürlicher». Ist er einmal als Aufwertungsmechanismus erkannt, wird die Logik auch absichtsvoll von staatlicher Seite oder Immobilienmarktakteuren eingesetzt. Inwiefern staatliche Institutionen Gentrifizierung vorantreiben, wird im nächsten Kapitel dargestellt.

Die Rolle des Staats: staatlich initiierte Gentrifizierung

Gentrifizierung findet statt, weil immobilienwirtschaftliche Akteure damit Geld verdienen können. Das bedeutet aber nicht, dass sie die einzigen sind, die Gentrifizierung auslösen und vorantreiben. In der neoliberalen Stadt, in der sich auch die Politik der Gewinnmaximierung und Kommodifizierung verschrieben hat, wird Gentrifizierung in vielen Fällen auch von staatlichen Institutionen – Stadtregierungen, kommunalen Wohnungsunternehmen – forciert. Deshalb ist Gentrifizierung eine politische Entscheidung und keine Naturgewalt abstrakter, globaler Finanzströme. Andrej Holm hat das Zusammenspiel privatwirtschaftlicher und staatlicher Akteure als «Immobilien-Verwertungs-Koalition» beschrieben, «die weite Teile von Investorengruppen, der Bauwirtschaft, der finanzierenden Banken und einen Großteil der politischen Klasse umfasst» (Holm 2010b: 44).

In der frühen Gentrifizierungsforschung in Deutschland in den 1980er- und 1990er-Jahren wurde die Rolle des Staates bei Gentrifizierungsprozessen kaum beschrieben (z. B. Friedrichs 2000). Das hängt unter anderem damit zusammen, dass Gentrifizierung entweder als ein «natürlicher» Prozess des Bevölkerungsaustauschs gesehen wurde oder als quasi unsteuerbarer ökonomischer Prozess. Dangschat prognostizierte bereits 1988, dass die Rolle des Staates sich in Gentrifizierungsprozessen wandeln wird: «Der Druck auf Kommunen [wird] größer werden, Aufwertung innenstadtnaher Wohnviertel zu fördern» (Dangschat 1988b: 290). Denn Städte würden zunehmend in Konkurrenz untereinander stehen, um qualifizierte Arbeitskräfte, um Investitionen und um Ansiedlungen von Firmensitzen.

Mittlerweile ist dieser Umstand wohl bekannt und beforscht. Man spricht von «state led gentrification» bzw. staatlich initiierter oder geförderter Gentrifizierung (Hackworth/Smith 2001). In den meisten Gentrifizierungsprozessen spielen staatliche Interventionen eine wichtige, wenn nicht gar die ausschlaggebende Rolle. Hackworth und Smith beschreiben eine immer stärker werdende staatliche Beteiligung an Gentrifizierungsprozessen, die durch die Neoliberalisierung der Politik ausgelöst wird: Durch den Rückzug des Zentralstaats ist der lokale Staat zunehmend darauf angewiesen, die eigenen Steuereinnahmen zu erhöhen und betreibt deshalb über staatlich initiierte Gentrifizierung eine Bevölkerungspolitik zugunsten von Mittelschichten. Geraten dabei Viertel in B- und C-Lagen in den Blick, bestehen höhere Risiken für Investoren, die zur Investition angereizt werden müssen. Durch die Neoliberalisierung der Governance sind im Allgemeinen Politiken der Umverteilung in Diskredit gefallen, Gentrifizierung zu legitimieren ist dagegen weniger problematisch geworden.

In Deutschland haben vor allem die städtebaulichen Erneuerungsprogramme Anlass zum Bewohneraustausch geboten: In den Sanierungsgebieten der 1970er-Jahre noch als explizit formuliertes Ziel, heute oft verklausuliert als soziale Mischung. Sie sehen die staatlich geförderte Aufwertung der Bausubstanz und der Nachbarschaften vor und führen oft – gewollt oder ungewollt – zur Verdrängung ärmeren Einkommensschichten. Durch staatliche Interventionen werden Viertel für Investoren attraktiv gemacht bzw. deren Investitionsrisiko minimiert.

Nicht nur physische Aufwertungsmaßnahmen können von staatlichen Institutionen forciert werden. Auch die kulturelle, diskursive Aufwertung von Nachbarschaften wird von ihnen vorangetrieben. So wird zum Beispiel die Ansiedlung von Pionieren strategisch eingesetzt, um das Image eines Stadtteils zu verbessern. Junge, «kreative» Nutzer_innen werden in leerstehende Gewerberäume kanalisiert, um mit ihren kulturellen Praktiken und Produkten einen soziokulturellen Wandel anzustoßen.

Auch wenn die stadtplanerischen Instrumente, wie zum Beispiel Sanierungsgebiete, Schutzmechanismen für die Bewohner_innenstruktur vorsehen (temporäre Mietobergrenzen, Umwandlungsverbote, Mieter_innenberatungen), folgt der baulichen Aufwertung in den meisten Fällen ein weitgehender Austausch der Bewohnerschaft. Die, deren Lebensverhältnisse durch Aufwertung verbessert werden sollten, sind also gar nicht mehr da. Das Zusammenspiel gezielter staatlicher Aufwertungsmaßnahmen und mangelnder staatlicher Regulierung des Wohnungsmarktes führt zur Verdrängung.

Ein Beispiel aus Frankfurt am Main soll exemplarisch die Mechanismen veranschaulichen, mit denen Stadtpolitik Gentrifizierungsprozesse anstößt und unterstützt. Mösgen und Schipper (Mösgen/Schipper 2017) beschreiben die Gentrifizierung des Stadtviertels Ostend als staatlich vorangetriebene, wenn nicht sogar staatlich initiierte Gentrifizierung. Das Ostend, traditionell ein industriell geprägtes Arbeiter_innenviertel am Osthafen der Stadt, galt lange Zeit trotz seiner innerstädtischen Lage als Wohnviertel für untere Einkommensschichten. Niedrige Wohnstandards, laute und stinkende Gewerbebetriebe, das Viertel zerteilende Infrastrukturen und ein schlechter Ruf verhinderten die Mietsteigerungen, die in den anderen innerstädtischen Nachbarschaften längst eingesetzt hatten. Erst ab Mitte der 2000er-Jahre steigen hier die Bodenpreise enorm, in deren Folge auch die Mietpreise und es kommt zu einem umfassenden soziostrukturellen Wandel. Die Einkommen in dem Viertel sind mittlerweile überdurchschnittlich, die Zahl der Sozialleistungsbeziehenden und Arbeitslosen dagegen unterdurchschnittlich. Es ist also ein deutlicher Gentrifizierungsprozess zu beobachten – was war passiert?

Bereits Mitte der 1980er-Jahre beschloss die Stadt, das Frankfurter Ostend aufzuwerten, um so unter anderem dem Wegzug steuerzahlungskräftiger Bevölkerungsschichten in die Vorstädte entgegenzutreten. Von selbst schienen die Hauseigentümer_innen der Nachbarschaft nicht auf die Idee der baulichen Aufwertung ihrer Wohnhäuser zu kommen und so sollten sie durch zwei aufeinanderfolgende Sanierungsprogramme dabei unterstützt werden. In der ersten Phase der «Einfachen Stadterneuerung» von 1985–1994 wurden bauliche Sanierungsmaßnahmen öffentlich bezuschusst und Neubauten auf

Brachflächen errichtet. Die Aufwertung der Wohnhäuser wurde allerdings durch Maßnahmen begleitet, die eine Verdrängung der Bewohnerschaft weitgehend verhinderten. Die Vergabe von Fördermitteln war an eine Mietobergrenze gebunden, die Umlage der Modernisierungskosten auf die Miete verboten, ebenso wie die Umwandlung von Miet- in Eigentumswohnungen. In den Neubauprojekten wurden ausschließlich Sozialwohnungen errichtet. Diese erste Phase der Sanierung zeigt: Die Aufwertung einer Nachbarschaft muss nicht gleichbedeutend sein mit der Verdrängung unterer Einkommensschichten.

In der zweiten Phase der Sanierung ab Mitte der 1990er-Jahre mit dem Sanierungsgebiet Ostendstraße im südlichen Ostend wandelten sich die politischen Vorgaben drastisch, so dass hier von einer durch städtische Politiken initiierten Gentrifizierung gesprochen werden kann. Ab Anfang der 2000er wurde vollständig auf Regulierungen verzichtet, die Verdrängungsprozesse verhindern sollen. Die Aufwertung wurde dagegen weiter vorangetrieben. Öffentliche Plätze, Grünräume und Spielplätze wurden renoviert, Kultur- und Bildungseinrichtungen neu angesiedelt und das störende Kleingewerbe verlagert. War am Anfang der Sanierungsphasen noch das Stadtplanungsamt zuständig, wurde die Trägerschaft für das Sanierungsgebiet nun an eine private Agentur vergeben. Wie weit sich die Stadt selbst marktwirtschaftlichen Mechanismen verschrieben hat, wird am Beispiel ihrer Bodenpolitik deutlich. Die traditionell kleinteilige Eigentümerstruktur verhinderte die Verwertung zahlreicher Grundstücke. Deshalb kaufte die Stadt sie für über vierzig Millionen Euro auf, riss alte Bausubstanz ab, entsorgte industrielle Altlasten im Boden und ordnete die Grundstückszuschnitte so, dass sie den Verwertungsinteressen der Immobilienwirtschaft entsprechen. Durch die Reprivatisierung sollteder Aufkauf und die Aufwertung refinanziert werden. Durch diesen Mechanismus ist nun also die Stadt selbst daran interessiert, dass die Grundstücke möglichst hohe Bodenpreise erzielen. Damit beförderte sie einen hohen Verwertungsdruck, der sich auf die Mieten auswirkt. Eine Refinanzierung der hohen öffentlichen Kosten gelingt dennoch nicht. In den Neubauprojekten des Sanierungsgebietes ab 2000 entstanden keine Sozialwohnungen mehr, da die Stadt solche nicht mehr vorschreibt. Die städtische Politik zielte in der zweiten Phase der Sanierung darauf ab, Gentrifizierung und damit Verdrängung voranzutreiben, und legitimierte dieses Vorgehen durch eine zu erreichende «soziale Mischung» und «Stabilisierung» der Bevölkerung des Viertels.

Neben diesen materiellen Aufwertungsprozessen machen Mösgen und Schipper noch eine weitere stadtpolitische Entscheidung für die Gentrifizierungsprozesse im Ostend verantwortlich: Den Umzug der Europäischen Zentralbank in die Nachbarschaft. Durch diesen Umzug, bereits 2002 beschlossen, erfuhr sie eine diskursive, symbolische Aufwertung. Eine solche symbolische Aufwertung erhöhte die immobilienwirtschaftliche Ertragserwartung ebenso wie die materielle Aufwertung. Durch die einsetzende spekulative Preisentwicklung erfüllte sich die Prophezeiung schließlich selbst.

Dass der Gentrifizierungsprozess ab Mitte der 2000er-Jahre verstärkt einsetzte, hat auch makrostrukturelle Gründe (Mösgen/Schipper 2017: 139f). Nach der Finanzkrise lockerte eben jene Europäische Zentralbank die Geldpolitik und vergrößerte so die Menge des anlagesuchenden Kapitals, das sein Glück im als sicher und unterbewertet geltenden Wohnungsmarkt sucht (Schönig 2013).

Das Beispiel Frankfurter Ostend zeigt exemplarisch, welche Mechanismen, Instrumente und Rationalitäten hinter staatlich initiierter Gentrifizierung stehen. Dem zugrunde liegt eine Ausrichtung der Frankfurter Regierung auf neoliberale Politiken der unternehmerischen Stadt (Schipper 2013). Dieser staatlich vorangetriebene Gentrifizierungsprozess kommt ganz ohne eine Phase der symbolischen Aufwertung der Nachbarschaft durch Pioniere und ihr kulturelles Kapital aus.

Die Generalisierung der Gentrifizierung

Der oben beschriebene klassische Ablauf eines Gentrifizierungsprozesses ist ein idealtypischer. Ein solcher Gentrifizierungsprozess kann ganz verschiedene Anlässe haben und Ausprägungen annehmen (Beauregard 1986). Er kann klassische Wohnviertel genauso wie die Umnutzung alter Lagerhallen oder Hafengebiete betreffen, von institutionellen Investoren genauso wie von klassischen Wohnungsbauträgern ausgelöst werden und Mieter_innen wie Gewerbetreibende betreffen. Einige dieser Ausprägungen werden im Folgenden beschrieben. Die unterschiedlichen Ausprägungen der Gentrifizierung führen auch zu unterschiedlichen Ausprägungen lokaler Konflikte und Problemen, die es zu verstehen gilt.

Gentrifizierung vollzieht sich je nach lokalem Kontext sehr unterschiedlich und ist von lokalen Strategien und Instrumenten der Stadtpolitik abhängig. So wirkt zum Beispiel das deutsche Mietrecht auf spezifische Weise auf die Ausgestaltung von Gentrifizierungsprozesse, ebenso wie die kommunale Umsetzung einzelner Instrumente wie Sanierungsgebiete: «Eine erklärungssuchende Analyse von Gentrification kann immer nur räumlich konkret und im Rahmen einer historischen und politökonomischen Kontextualisierung erfolgen» (Holm 2014b: 105f).

Trotz dieser lokalen Spezifizität von Gentrifizierung sprechen zahlreiche Wissenschaftler_innen von einer Generalisierung oder Ausweitung von Gentrifizierung. Diese Generalisierung vollzieht sich auf verschiedene Arten.

Als räumliche Ausdehnung: Gentrifizierung breitet sich räumlich innerhalb von Städten aus und beschränkt sich nicht länger auf attraktive Innenstadtviertel. Andrej Holm beschreibt diese Ausweitung in Berlin als «Gentrification als Mainstream» (Holm 2013). Darüber hinaus breitet sich Gentrifizierung auch zunehmend außerhalb der großen Metropolen aus. Neben Hamburg, Berlin, Frankfurt und München sind auch Großstädte wie Leipzig und Bremen und sogar Mittelstädte wie Jena und Mannheim betroffen.

Auch global kann von einer Generalisierung der Gentrifizierung gesprochen werden. In immer mehr Ländern finden Gentrifizierungsprozesse statt, auch im globalen Süden (Lees/Shin/López-Morales 2016). Gentrifizierung hat sich also global ausgedehnt, wird gar als neuer urbaner Kolonialismus beschrieben (Atkinson/Bridge 2005).

Auch Neil Smith postuliert in seinem Aufsatz «Gentrification as Global Urban Strategy» (2002), dass Gentrifizierung global auftrete. Er führt dies darauf zurück, dass sich die Bedingungen für Gentrifizierung generalisiert hätten und sich Gentrifizierung deshalb potentiell überall abspiele. Diese Entwicklung ist mit der Globalisierung ökonomischer und kultureller Ströme verbunden. Durch die Globalisierung habe sich auch die Rolle der Städte verändert. Statt wie noch in fordistischen Zeiten als Zentren der sozialen Reproduktion zu gelten, werden sie im Neoliberalismus zum Ort der Produktion. Damit einher geht eine veränderte Rolle des lokalen Staates: statt sich in erster

Linie als Garant der sozialen Reproduktion zu verstehen und soziale Infrastruktur, wie zum Beispiel bezahlbaren Wohnraum, bereitzustellen, strebt er nun danach, möglichst günstige Investitionsbedingungen herzustellen. Deshalb ist die Globalisierung der Gentrifizierung nicht als natürliche Folge ökonomischer Globalisierung zu verstehen, sondern als Strategie – und zwar vor allem von staatlichen Institutionen. Der Grund, warum wir heute so viele soziale Bewegungen um städtische Infrastrukturen beobachten können – um Wohnen, Gesundheit, Wasser, Transport etc. – liegt gerade daran, dass Staaten die Befriedigung dieser Bedürfnisse weniger als ihre zentrale Aufgabe sehen als früher.

Gentrifizierung hat sich also generalisiert. In immer mehr Ländern sind die Bedingungen für den Prozess gegeben und die Akteure vorhanden, ihn anzustoßen. Durch globale Finanzströme sind Gentrifizierungsprozesse weltweit miteinander verknüpft. Investitionen in Immobilien werden immer wichtiger für die kapitalistische Reproduktion. Diese Investitionen werden weltweit getätigt. Und so erhöht sich der Gentrifizierungsdruck auch weltweit.

In Deutschland lässt sich spätestens seit der Finanzkrise 2008 eine solche generalisierte Phase der Gentrifizierung feststellen, in der sie zur «urbanen Strategie» geworden ist: Das überschüssige globale Kapital hat in seinen Wanderungsbewegungen den deutschen Immobilienmarkt als vermeintlich sicheren Hafen entdeckt und treibt die Gentrifizierung voran (Schipper 2017: 33f).

Gentrifizierung weitet sich aber noch in einem anderen Sinne aus: Auch ihr Verlauf nimmt immer neue Formen an. So unterliegen mittlerweile nicht mehr nur die klassischen gründerzeitlichen Altbauviertel Gentrifizierungsprozessen. In Berlin lässt sich bereits beobachten, wie die innerstädtischen Plattenbauten und Siedlungen der 1960er- bis 1980er-Jahre kulturell aufgewertet werden, zum Beispiel in der Kampagne «Jeder Quadratmeter du» eines landeseigenen Wohnungsunternehmens. Der im Mainstream so verhassten Ästhetik und den in jedem zweiten Tatort reproduzierten Assoziation der Siedlungen mit Kriminalität wird eine positive Erzählung entgegengesetzt: Auch für Mittelschichten seien die Großwohnsiedlungen schön und lebenswert. Dass diese diskursive Aufwertung gerade zu der Zeit stattfindet, zu der Gentrifizierungsprozesse in den

Altbauvierteln an ihre Grenzen stoßen, verwundert nicht. Denn in den Siedlungen mit ihren bisher größtenteils moderaten Mieten könnte mehr Rendite erwirtschaftet werden – wären sie nur für andere, reichere Bewohner_innen attraktiv.

In Vierteln, die bereits gentrifiziert sind, kann sich Gentrifizierung vertiefen, indem die zugezogenen Mittelschichten wiederum von einer noch wohlhabenderen Schicht verdrängt wird. Diese «Super-Gentrifizierung» (Lees 2003) unterscheidet sich im Erscheinungsbild oftmals vom klassischen Gentrifizierungsverlauf. Die neu zugezogenen Schichten legen weniger Wert auf die «authentischen» Elemente der innerstädtischen ehemaligen Arbeiter_innenviertel, ihre Konsummuster sind offen elitär und ihre architektonischen Vorzüge führen zu einer «ästhetischen Suburbanisierung» (Holm 2010a: 112) der Innenstädte. Holm beschreibt die neuen Luxuswohnanlagen, die nach der Jahrtausendwende in Berlin Mitte entstanden sind, als eine solche Super-Gentrifizierung. Sie unterscheiden sich auch in Trägerschaft und Finanzierungsmodellen von anderen Verläufen der Gentrifizierung: Professionelle und global agierende Investorengruppen spielen eine wichtige Rolle.

Im Folgenden werden drei weitere Arten der Gentrifizierung anhand von Beispielen vorgestellt, die zeigen, dass Gentrifizierung mittlerweile eine generalisierte Strategie ist, um Stadt kapitalistisch zu verwerten.

Neubau-Gentrifizierung

Dass auch Neubau zu Gentrifizierung führen kann, wird von vielen Politiker_innen und auch manchen Wissenschaftler_innen bestritten. Es könne ja niemand verdrängt werden, wo neue Wohnungen entstehen. Mit dem Begriff Neubau-Gentrifizierung wird aber erklärt, warum der Bau von hochpreisigen Wohnungen auch zu Mietsteigerungen im Bestand führen kann (Davidson/Lees 2005).

Durch Neubauten im oberen oder Luxussegment steigt auch der Verwertungsdruck in umliegenden Vierteln. Durch die Konsumbedürfnisse der neuen Bewohner_innen verändert sich außerdem die umliegende Gewerbestruktur, wodurch eine weitere Aufwertung und anschließende Gentrifizierung ausgelöst werden kann. Bei dieser Form der Gentrifizierung bedarf es keiner Pionierphase mit kultureller Avantgarde. Diese Art der Gentrifizierung vollzieht sich oft auf innerstädtischen Brachflächen (oder auf «unternutzen» Flächen), zum Beispiel auf ehemalige Industrie- oder Infrastrukturgeländen. Attraktiv wird sie für Investoren vor allem dann, wenn Investitionen in den Bestand nicht mehr möglich sind, weil die Aufwertung dort schon abgeschlossen ist.

Anhand des Stadtteils Gallus in Frankfurt am Main und der dort neu errichteten Europa-City und anderen Neubauprojekten, haben Schipper und Wiegand (Schipper/Wiegand 2015) beschrieben, wie Neubau zu Gentrifizierung und Verdrängung führen kann. Das Gallus schließt westlich an die Frankfurter Innenstadt an und ist ein traditionelles Arbeiter_innenviertel mit Wohnraum für Haushalte mit niedrigem Einkommen. Seit der Finanzkrise unterliegt das Viertel starken Gentrifizierungsprozessen, die auch durch den Neubau von hochpreisigen Wohnungen ausgelöst wurden.

Nördlich des Gallus befindet sich auf einer Fläche von 145 Hektar mit der Europa-City ein neuer Stadtteil im Bau. Das ehemalige Güterbahnhofgelände wurde, wie so viele ehemalige öffentlich besessene Bahngelände, privatisiert. Nun entstehen dort Hotels, Geschäfts- und Büroflächen, Einkaufszentren und etwa 6.000 Miet- und Eigentumswohnungen in Hochhäusern oder Blockrandbebauung. Die Projekte mit Namen wie «Central & Park» oder «Westside Tower» richten sich zu großen Teilen an das gehobene bis Luxussegmente mit Mieten bis zu 20 Euro/m^2 und Kaufpreisen von 10.000 Euro/m^2. Die Stadt unterstützt die Renditeinteressen der privaten Akteure, indem sie die Entwicklung von Hochhäusern und hochpreisigen Wohnungen baurechtlich zulässt – in weiten Teilen, ohne die Bevölkerung an diesen grundlegenden Entscheidungen zu beteiligen. Darüber hinaus sind selbst die von der städtischen Wohnungsbaugesellschaft ABG Holding errichteten Wohneinheiten in der Europa-City mit 12–15 Euro/m^2 für untere Einkommensschichten nicht bezahlbar. Nur sieben Prozent der neuentstehenden Wohnungen sind Sozialwohnungen – diese allerdings im privaten Besitz und nur temporär sozial gebunden.

Neben der Europa-City beeinflussen verschiedene Neubauprojekte auf den Brachflächen ehemaliger Autohäuser, Handwerks- und Gewerbebetriebe im Gallus die Mietpreisentwicklung dort. Auch hier befinden sich die Mieten und Kaufpreise im oberen bis mittleren Bereich. Im ehemaligen Ordnungsamt dürfen Studierende für 550 Euro in 24 qm einziehen. Auch hier sind insgesamt nur 180 Sozialwohnungen vorgesehen.

Die Neubauprojekte wurden mit der Durchmischung des Arbeiter_innenviertels begründet, der Stadtplanungsdezernent streitet eine drohende Gentrifizierung durch die Neubauprojekte ab. Selbst der Gutachterausschuss für Immobilienwerte der Stadt Frankfurt ist da anderer Meinung. Schipper und Wiegand erklären die einsetzende Neubau-Gentrifizierung, das heißt die Mietsteigerung und Verdrängung auch im Bestand, über verschiedene Faktoren: Die entstehenden Preisdifferenzen zwischen Bestand und Neubau lassen es für Immobilienbesitzer attraktiv erscheinen, ihren Altbaubestand aufzuwerten und damit höhere Mieten zu erzielen. Die Neubaupreise strahlen außerdem über den Mietspiegel auf den Bestand aus. Die ortsübliche Vergleichsmiete steigt dadurch mit der Zeit an und erlaubt Mieterhöhungen bei den Mieter_innen des Altbaus. Außerdem ist mit einer symbolischen Aufwertung der Nachbarschaft zu rechnen, die die Nachfrage an Wohnraum im Gallus verändert. Zusätzlich wird sich die Gewerbestruktur den Konsumbedürfnissen der reicheren Zugezogenen anpassen und so zur indirekten Verdrängung beitragen.

Der Neubau hochpreisiger Wohnungen hilft also nicht nur nicht gegen Gentrifizierung; im Gegenteil kann er diese sogar verstärken, indem die hohen Mieten auf die umliegenden Altbauten ausstrahlen.

Gewerbe-Gentrifizierung

Mit Aufwertungsprozessen von Nachbarschaften ist oft eine Änderung der Gewerbestruktur verbunden. Teure Restaurants, Bio-Supermärkte, hippe Cafés und kleine Boutiquen ersetzen Kioske, Nagelstudios, Blumenläden und Eckkneipen. Diese Gewerbe-Gentrifizierung hat zwei Hauptgründe: ein sich wandelndes Konsumverhalten neuer Kunden und steigende Gewerbemieten in sich gentrifizierenden Nachbarschaften.

Steigende Gewerbemieten verdrängen nach und nach die lokalen Geschäfte, die durch neue Cafés oder Boutiquen ersetzt werden. Diese Pioniergeschäfte der Gewerbe-Gentrifizierung werden nicht selten von neuen Bewohner_innen der Nachbarschaften selbst geführt. Steigen die Preise weiter, werden auch diese verdrängt. Große Ketten mit hohen Umsätzen sind die einzigen, die sich nun noch die Mietpreise leisten können.

Die neuen Orte spiegeln die Konsumbedürfnisse einer sich verändernden, wohlhabenderen Bevölkerung wider. Sie sind Ausdruck des sozialen und kulturellen Kapitals dieser neuen Bewohner_innen: «Neue Läden, Cafés und Bars werden zum Treffpunkt für die Bohème und die Gentriefier oder Orte, an denen kinderwagenschiebende Eltern und unterbeschäftigte Künstler_innen und Schriftsteller_innen netzwerken» (Zukin et al. 2009: 47, übersetzt v. L.V.). Mit dieser neuen Gewerbestruktur ist oftmals eine eigene Ästhetik verbunden, die sich von der alten absetzt und der sozialen Unterscheidung dient.

Gewerbe-Gentrifizierung ist Teil von allgemeinen Gentrifizierungsprozessen: Sie kann durch steigende Mieten und sich verändernde Bewohner_innenstrukturen ausgelöst werden, andersherum diese aber auch befeuern. Neue Boutiquen und Cafés sind Indikatoren für Investoren, dass es sich lohnen könnte in einer Nachbarschaft zu investieren.

Gewerbe-Gentrifizierung kann durch verschiedene Akteure vorangetrieben werden: durch Immobilieninvestoren, durch staatliche Institutionen und durch die Medien. In Stadtmagazinen, Zeitungen und Reiseführern nimmt die Berichterstattung über neu eröffnete Restaurants und «authentische» Shoppingerlebnisse immer mehr Platz ein. So verändert sich das Image von Nachbarschaften und neue Kunden, neue Bewohner_innen und neue Investoren werden in ein Viertel gelenkt, was weitere Gentrifizierungsprozesse – im Wohnen und im Gewerbe – auslösen kann. Meist ist es ein komplexes Geflecht dieser Akteure, die für die sich verändernde Gewerbestruktur verantwortlich zeichnen. Zwei Beispiele, aus Berlin und Hamburg, sollen dies veranschaulichen.

In der Berliner Karl-Marx-Straße kann man die Entwicklung einer staatlich vorangetriebenen Gewerbe-Gentrifizierung in Echtzeit beobachten (Steigemann 2017). Die lange Einkaufsstraße in Neukölln beginnt am Herrmannplatz und zieht sich in südliche Richtung durch traditionelle Arbeiter_innenviertel, die seit einigen Jahren Wohn-Gentrifizierungsprozessen unterliegen (Huning/Schuster 2015).

Die Straße war lange Zeit als Einkaufsstraße etabliert. Ihre Gewerbestruktur geriet aber nach der Wiedervereinigung in die Krise, da viele Kunden durch den Wegzug von Mittelschichtsfamilien verloren gingen und Investitionen in die Gebäude und die öffentliche Infrastruktur ausblieben. Die Gewerbestruktur ist heute überwiegend von Kleingewerben mit günstigem Warenangebot geprägt: Bäckereien, Nagelstudios, 10-Euro-Friseure, Blumenläden, kleine Lebensmittelgeschäfte, Metzger, Imbissbuden, Kleidungs- und Schuhgeschäfte, Kioske und Handygeschäfte. Zu mehr als einem Drittel werden die Geschäfte von Bewohner_innen der Nachbarschaft mit migrantischem Hintergrund geführt.

Bis Mitte der 2000er-Jahre war das Image der Einkaufsmeile schlecht: Ein einseitiges Angebot stand einer geringen Kaufkraft gegenüber; der Eindruck der heruntergekommenen Bausubstanz wurde durch das hohe Verkehrsaufkommen verschlimmert. Die lokalen Geschäfte gerieten zunehmend in die Krise, verstärkt durch den Bau eines Shoppingcenters 2007, das weitere Kunden von den kleinen Geschäften abzog. Auch die umliegenden Nachbarschaften wurden in dieser Zeit diskursiv als Ghettos und Parallelgesellschaften abgewertet. Über dieses negative Image wurden die Sanierungsprogramme, die seit Mitte der 2000er durchgeführt werden, gerechtfertigt – sie sollen eine bessere, «gesündere» soziale und Gewerbemischung befördern.

Im Jahr 2008 wurde das Programm *Aktive Zentren zur Beförderung der Gewerbestruktur* eingerichtet, 2011 ein Sanierungsgebiet, das auch die benachbarte Sonnenallee miteinschließt. Als Ziel dieser öffentlichen Programme wird explizit der Wandel der Gewerbestruktur benannt. Durch die *Aktion Karl-Marx-Straße* soll die Straße umgestaltet und das Image als «jung, bunt und erfolgreich» neu definiert werden. Damit grenzen sich die verantwortlichen Stadtplaner_innen deutlich von den existierenden Geschäften ab, deren Inhaber weder jung noch ökonomisch hinreichend erfolgreich sind. Die jetzigen Gewerbetreibenden sind zwar bunt, aber mit ihren türkischen und arabischen Migrationshintergründen entsprechen sie nicht dem Bild von Internationalität des Sanierungsbeauftragten. Er bevorzugt französische oder italienische Cafés statt einem weiteren Dönerimbiss. Für die bunten Farben sollen bitteschön Nord- und Westeuropäer_innen sorgen, nicht Türken oder Araber (Steigemann 2017: 255).

Neue Gewerbe sollen durch physische Aufwertungsmaßnahmen angelockt werden: die Bürgersteige werden neu organisiert, einzelne Gebäude renoviert, der zentrale Platz umgestaltet und umbenannt, die Verkehrssituation beruhigt und eine neue Straßenbeleuchtung installiert. Die Eröffnungsfeier des neuen Alfred-Scholz-Platzes in der Mitte der Einkaufsstraße veranschaulicht den Wunsch der Umgestaltenden nach Veränderung. Sie wurde als multikulturelles Event beworben und die Diversität der Nachbarschaft durch das Programm und das Essensangebot repräsentiert. Anwesend war allerdings fast niemand mit Migrationshintergrund (Steigemann 2017: 19). Die dort neu errichtete Bude mit Mikrobrauerei-Bier und Snacks zu deutlich höheren Preisen als in den umliegenden Kneipen und Imbissbuden richtet sich nicht an die alten Bewohner_innen des Viertels, sondern an neue, besserverdienende Bewohner_innen und Besucher_innen.

Die Umstrukturierung der Gewerbestruktur soll die allgemeine Gentrifizierung der Nachbarschaften vorantreiben, so ist zu vermuten. Denn die Einkommen der Nord-Neuköllner sind auch heute noch verhältnismäßig niedrig, die Arbeitslosenquote ist hoch. Die Kaufkraft der Bewohner_innen ist also weiterhin niedrig. Die neuen, teureren Geschäfte richten sich nicht an sie. Im Gegenteil sind sie auf die lokalen, preiswerten Gewerbeangebote angewiesen. Ihre Interessen sind in den Zielen des Sanierungsprogramms einer aufgewerteten Gewerbestruktur und einer allgemeinen sozialen Durchmischung der Nachbarschaften nicht enthalten. Eine sich verändernde Gewerbestruktur hat verschiedene Auswirkungen auf die Nachbarschaft. Die kleinen, inhabergeführten Geschäfte in den Arbeiter_innenvierteln garantierten nicht nur ein günstiges Warenangebot, sondern sind auch Orte, an denen soziale Beziehungen geknüpft und gepflegt werden, an denen ein Gefühl der Nachbarschaft entsteht (Steigemann 2017) und die nun verloren gehen.

Im Hamburger Schanzenviertel ist die Gewerbe-Gentrifizierung schon deutlich weiter vorangeschritten (Vogelpohl 2012). Hier wurden schon in den 1990er-Jahren Stadtentwicklungsmaßnahmen durchgeführt, die darauf abzielten, das Arbeiter_innenviertel aufzuwerten. Ein Teil dieses Plans war die Ansiedlung von Unternehmen in den ehemaligen Fabrikgebäuden des produzierenden Gewerbes. Die Schanze entwickelte sich seit den 1980er-Jahren zum subkulturellen und multikulturellen Szeneviertel, das auch in Reiseführern als solches angepriesen wird. Mit der zunehmenden Gentrifizierung der Nachbarschaft setzte auch die Verdrängung alteingesessener Gewerbe ein. Spielwarenläden, Schneidereien oder Schuhmacher wichen hippen Klamottenläden, Tante-Emma-Läden schicken Cafés. Eine Bar kann deutlich mehr Gewerbemiete aufbringen als ein Zigarettenladen. So wurden mit der Zeit überwiegend Geschäfte des täglichen Bedarfs durch Gewerbe ersetzt, die den Konsummustern von Ausgehfreudigen entsprechen. Auch die Treffpunkte der Subkultur mit günstigen Eintritts- und Getränkepreisen werden zunehmend von teuren Feierlocations mit exklusivem Bierangebot verdrängt. Selbst die Verdrängung von Gewerbe durch Wohnraum ist hier beobachtbar, da sich damit höhere Mieten erzielen lassen (Vogelpohl 2017: 279). Das zeigt, wie weit die Wohn-Gentrifizierung bereits vorangeschritten ist.

Touristifizierung

In öffentlichen Debatten über Gewerbe-Gentrifizierung spielt auch die zunehmende Touristifizierung von Nachbarschaften eine wichtige Rolle. Mit Touristifizierung sind die Nutzung des städtischen Raums durch Touristen und die Veränderungen in der Wohn- und Gewerbestruktur zugunsten dieser Gruppe gemeint. Der Städtetourismus hat immer mehr Einfluss auf Veränderungsprozesse in Städten. Touristen prägen mit ihrem Konsumverhalten den öffentlichen Raum und die Gewerbestruktur von Nachbarschaften. Diese Entwicklung hat mit einem Wandel des touristischen Verhaltens zu tun. Man spricht vom Neuen Tourismus (Poon 1989) und meint damit, dass Besucher_innen nicht mehr (nur) die zentralen Sehenswürdigkeiten einer Stadt, ihre historischen Gebäude, Denkmäler und Museen in der Innenstadt besuchen, sondern zunehmend Wohnviertel, in denen sie auf eine «authentische» Erfahrung des urbanen Lebens hoffen. Die Orte des Tourismus haben sich also zumindest teilweise verschoben. Tourist_innen haben andere Ansprüche an den öffentlichen Raum und das Konsumangebot als Nachbar_innen an ihre Wohnviertel. Deshalb kommt es immer wieder zu Konflikten um Raumnutzungen: Die exzessive Bürgersteignutzung für ausgedehnte Brunchs mag Bewohner_innen stören, wenn sie ihren Einkauf nach Hause tragen; die Lautstärke von Happy-Hour-trunkenen Tourist_innen spät in der Nacht verträgt sich nicht mit dem frühen Beginn des Arbeitstages der Anwohner_innen; diese Anwohner_innen brauchen einen Drogeriemarkt um Klopapier zu kaufen und nicht das fünfte indische/mexikanische/asiatische Restaurant in ihrer Straße.

Tourismus führt aber nicht nur zu konkreten Konflikten über die Nutzung von Raum. Tourismus hat darüberhinaus immer mehr Einfluss auf Stadtentwicklung. Touristifizierung und Gentrifizierung gehen oft, wenn auch nicht immer, Hand in Hand und verstärken sich gegenseitig. Dafür gibt es verschiedene Gründe: Durch touristische Nutzungen von Wohnraum in Form von Hostels und Ferienwohnungen verknappt sich das Wohnangebot; Nachbarschaften verändern durch touristische Nutzungen ihr Image, ihr Bekanntheitsgrad steigert sich; und die Gewerbe-Gentrifizierung wird durch die veränderten Konsummuster von temporären Stadtteilnutzer_innen vorangetrieben. Eine sich wandelnde Gewerbestruktur dient aber nicht nur Tourist_innen, sondern auch den im Gentrifizierungsprozess neu hinzuziehenden wohlhabenderen Schichten – die Effekte von Touristifizierung und Gentrifizierung sind selten voneinander zu trennen. Ebenso verhält es sich mit der Definition von Tourismus bzw. Tourist_in selbst. Wer zählt eigentlich als Tourist_in? Und wer legt sonst alles touristisches Konsumverhalten an den Tag? Diese Fragen sind keineswegs so eindeutig zu beantworten, in einer Welt, die immer mehr von ganz verschiedenen Mobilitätsverhalten und Praktiken der Raumkonsumtion geprägt ist (Novy 2017). Neben klassischen Tourist_innen, die einmal im Jahr eine Stadt für einen begrenzten Zeitraum besuchen, gibt es eine «cosmopolitan consumer class» (Fainstein/Hoffman/Judd 2003), die deutlich öfter Städte besuchen und dort auf der Suche nach «authentischen» Erfahrungen ihre Geldbeutel leeren. Eine weitere Gruppe könnte man als temporäre Stadtnutzer_innen bezeichnen. Sie setzt sich zusammen aus Berufstätigen, die für ihren Job eine Zeitlang in einer Stadt leben – von Künstler_innen über Wissenschaftler_innen bis hin zu Manager_innen. Auch Austauschstudierende zählen zu dieser Gruppe. Sie leben nur eine begrenzte Zeit in einer Stadt, ihr Konsumverhalten pendelt zwischen dem dauerhafter Bewohner_innen und dem von Tourist_innen. Diese Gruppen sind nicht immer leicht von Migrant_innen zu unterscheiden, die Grenze zwischen freiwilliger und unfreiwilliger sowie zwischen temporärer und dauerhafter Migration ist schwer zu ziehen. Wie würde man zum Beispiel die zahlreichen italienischen und spanischen jungen Erwachsenen einordnen, die nach 2008 als Krisenmigrant_innen auf der Suche nach Jobs, aber auch nach urbanen Erfahrungen nach Berlin gekommen sind (Animento 2015)? Außerdem lässt sich eine Touristifizierung des Alltagslebens feststellen. Dauerhafte Mittel- und Oberschichtsbewohner_innen verhalten sich zunehmend wie Tourist_innen in ihrer eigenen Stadt, indem sie zum Beispiel andere Wohnnachbarschaften besuchen und zur Gewerbe-Gentrifizierung beitragen.

Aufgrund konkreter Raumkonflikte und des Einflusses von Tourismus auf Gentrifizierungsprozesse wird Städtetourismus zunehmend Gegenstand von Protest und politischer Organisation (Colomb/Novy 2017). Solche Politisierungen haben ökonomische, soziale und auch symbolische Dimensionen. Wer hat das Recht eine Nachbarschaft zu nutzen? Wie sehr eine Nachbarschaft bzw. ihre Bewohner_innen unter Tourismus leiden und wie sehr dieser Gentrifizierungsprozesse beeinflusst, hängt von ökonomischen Faktoren und politischen Entscheidungen ab. Wie viel Kapital haben die temporären Raumnutzer_innen? Davon ist abhängig, wie sehr sie die Gewerbestruktur verändern könnten. Wenn bezahlbarer Wohnraum ausreichend geschützt und die Umnutzung als Ferienwohnungen unterbunden wird, wenn Geschäfte des täglichen Bedarfs geschützt werden, muss Touristifizierung nicht zu Gentrifizierung führen – auch wenn wohl mancher Raumkonflikt bleibt und anders bearbeitet werden müsste.

Berlin ist ein extremes Beispiel dieser neuen Entwicklungen im Städtetourismus (Novy 2017). Das liegt daran, dass die Stadt international einen Ruf als hipper Anziehungspunkt genießt. Ein Image, das auf eine Zeit der vielen städtischen Freiräume für Sub- und Partykultur zurückgeht und die eigentlich schon vorbei ist. Gleichzeitig konzentrierten sich die städtischen Regierungen der letzten Jahrzehnte stark auf die Förderung von Tourismus, weil die Stadt ansonsten kaum starke Wirtschaftszweige vorzuweisen hat. Seit den 1990er sind die innenstadtnahen Wohnbezirke Prenzlauer Berg, Friedrichshain, Kreuzberg und Neukölln Ziele des Neuen Tourismus geworden und werden in vielen Reiseführern und -blogs als solche angepriesen. Auch das offizielle City Marketing nahm die Viertel bald in ihre Reiseempfehlungen mit auf. Es handelt sich hier um dieselben Nachbarschaften, die auch starken Gentrifizierungsprozessen unterliegen und die sich nun an die Bedürfnisse von Tourist_innen anpassen. Immer mehr Hotels und Hostels, private und gewerbliche Vermietungen von Ferienwohnungen verändern sie ebenso wie neue Bars, Restaurants und Galerien mit Konsumangeboten für die meist jungen, wohlhabenderen – oder zumindest ausgabefreudigeren – Tourist_innen. Läden des täglichen Bedarfs können die steigenden Gewerbemieten nicht mehr erwirtschaften.

Die Problematisierung und Politisierung des Städtetourismus nimmt in Berlin seit den 2010er-Jahren durch stadtpolitische Initiativen und die städtische Verwaltung an Fahrt auf. Konkrete Raumkonflikte und der Vorwurf, Gentrifizierung voranzutreiben, sind Auslöser dieser aufgeheizten Debatte (Füller/Michel 2014). Ein regelmäßiger erhobener Vorwurf an Tourist_innen ist außerdem, dass sie den lokalen Charme und die lokale Kultur einer Nachbarschaft zerstören würden.

Die oben beschriebene Überschneidung von Tourismus und anderen Formen der Mobilität stellt diesen Vorwurf der Zerstörung lokaler Authentizität auf wacklige Füße (Novy 2017). Denn die heute von den Bewohner_innen so gepriesene sub- und multikulturelle Identität Kreuzbergs ist auch das Produkt dauerhafter und temporärer Migrationen. In den 1980er-Jahren zogen viele Künstler_innen und Musiker_innen für eine begrenzte Zeit in den Stadtteil und trugen so zum «Mythos Kreuzberg» (Lang 1998) bei. Manche der heutigen Tourist_innen und temporäreren Nutzer_innen sind genauso arm wie manche der damaligen Teilzeitkreuzberger_innen, manche sind auch deutlich wohlhabender als die Bewohner_innen. Ob ihr Konsumverhalten zu Gewerbe-Gentrifizierung führt, kann also nicht losgelöst von der Klassenfrage betrachtet werden.

Exkurs: Städte versus AirBnB

Für zahlreiche stadtpolitische Initiativen und Stadtverwaltungen ist die Ferienwohnungsplattform AirBnB mittlerweile zum Feindbild im Kampf gegen Ferienwohnungen geworden. Auf der Homepage können Privatpersonen ihre Wohnung oder ein Zimmer zur Untermiete anbieten. Als Sharing-Plattform gestartet, wird die Seite mittlerweile von immer mehr gewerblichen Anbietern genutzt. Insofern ist AirBnB doppelter Ausdruck der Polarisierung der Städte: Auf der einen Seite Menschen, die einen Teil ihrer Wohnung untervermieten müssen, um ihre Lebenshaltungskosten und die steigenden Mieten aufzubringen – also Opfer von Verdrängung aus dem Lebensstil. Auf der anderen Seite die lukrative Zweckentfremdung von Wohnraum in gentrifizierten Vierteln, die diese Mietsteigerungen anheizt. Für einige Städte gibt es spannende Grafiken, die die Ausbreitung der AirBnB-Angebote veranschaulichen und analysieren, so zum Beispiel für Berlin (airbnbversusberlin.de), für Wien (wherebnb.in/wien) und Barcelona (dwarshuis.com/various/airbnb/barcelona/).

In Berlin politisieren Stadtteilinitiativen besonders vehement gegen die zunehmende Zahl von Ferienwohnungen in ihren Nachbarschaften, die Wohnnutzungen verdrängen. Insgesamt sind zwar nur 0,9% des Berliner Wohnungsmarktes als Ferienwohnungen genutzt, ihre lokale Konzentration führt aber in manchen Kiezen zu Verdrängungsdruck (Holm 2016). Die Berliner Regierung hat in Reaktion auf die Proteste 2014 eine Zweckentfremdungsverbotsverordnung erlassen, die die Umwandlung von Wohnraum zu Ferienwohnungen untersagt. Obschon mit den mangelnden Ressourcen der zuständigen Bezirksregierungen ohnehin nur schwierig durchsetzbar, reagierte die Vermietungsplattformen AirBnB mit einer aggressiven Gegenkampagne. Sie gründete und finanzierte ihrerseits Bürger_inneninitiativen, in denen Anbieter_innen gegen die Regulierung wettern. Dieses Vorgehen nennt man Astroturfing (engl. Kunstrasen), in Anlehnung an die englische Bezeichnung für soziale Bewegungen: *grass roots movement* (engl. Graswurzelbewegung). Außerdem bediente sich AirBnB in einer Plakatkampagne des Rassismusvorwurfs, der in Diskussionen um Touristifizierung gerne bemüht wird. Auf meterhohen Plakaten am Alexanderplatz fragten sich fast ausschließlich Peoble of Colour, POCs, warum ihr Kiez so intolerant gegenüber Ferienwohnungsvermieter_innen sei.

Berlin ist nicht die einzige Stadt, die auf der Suche nach politischen Instrumenten gegen Konzerne wie AirBnB ist (Aguilera/Artioli/Colomb 2017). Das zeigt: Die Auswirkungen temporärer oder touristischer Nutzungen auf Nachbarschaften werden mittlerweile, dank zahlreicher Mieter_innenproteste, als Teil des Problems Gentrifizierung betrachtet.

Gentrifizierung als Bevölkerungspolitik

Der jahrzehntelange Streit zwischen nachfrage- und angebotsseitigen Erklärungsmodellen für Gentrifizierung hat sich mittlerweile etwas beruhigt. Beide Ansätze lassen sich nämlich auch gewinnbringend integrieren (Lees/Slater/Wyly 2008). Die ökonomischen Verwertungsstrategien von Nachbarschaften bedürfen der veränderten Nachfragemuster und Lebensstilen von Mittelschichten ebenso, wie sie diese verstärken. Susanne Frank formuliert das so: «Die neuen Mittelschichten bringen Gentrifizierungsprozesse (mit) hervor; zugleich bringen Gentrifizierungsprozesse die neuen Mittelschichten (mit) hervor» (Frank 2017b: 87). Sebastian Schipper schlägt in Anlehnung an Neil Smith vor, von einem «back to the city movement by capital AND people» zu sprechen (Schipper 2017: 39). Die Unterscheidung in nachfrage- und angebotsseitige Erklärungsmodelle macht für Neo-Marxist_innen (Smith/Williams 1986, Zukin 1987) sowieso keinen Sinn, sondern stellt für sie nur eine neoklassische Differenzierung dar. Es gehe vielmehr um grundlegende Spannungen zwischen Produktion auf der einen Seite und (sozialer) Reproduktion/Konsumtion auf der anderen Seite (vgl. Dangschat 1988b).

In der Perspektive der kulturellen Dynamiken von Gentrifizierung und der Betrachtung der Rolle des Staates wird deutlich: Auch die Nachfrage nach hippen Nachbarschaften ist eine produzierte. Denn eine Ertragslücke kann nur geschlossen werden, wenn Nachfrage da ist bzw. produziert wird (Clark 1992). Das Image einer Gegend zu verändern und sie zu einem begehrten Wohnort zu machen, ist eine wichtige Strategie, die individuellen Vorlieben von Mittelschichtshaushalten erst herzustellen. Ob es zum Beispiel erstrebenswert erscheint in einem Altbauviertel oder in einem modernistischen Hochhaus zu wohnen, unterliegt Schwankungen und ist kulturell beeinflussbar. Die «Renaissance der Innenstädte» ist nicht nur Produkt veränderter Nachfragemuster, sondern auch einer gezielt produzierten Nachfrage durch eine Strategie der Bevölkerungspolitik.

Suburbanisierung ist für Städte ein Problem. Vor allem dann, wenn zahlungskräftige Bewohner_innen sich außerhalb der administrativen Grenzen der Stadt ansiedeln und so Steuereinnahmen verloren gehen, während die teure Infrastruktur der Stadt weiter von diesen Personen genutzt wird. Städte haben ein großes Interesse daran, Mittelschichtshaushalte anzuziehen. Sie konkurrieren um diese Mittelschichtshaushalte mit dem Umland und mit anderen Städten. Attraktivität für die Mittel- und Oberschicht wird in der Logik der unternehmerischen Stadt zum Standortfaktor in der Konkurrenz um Steuereinnahmen, höhere Kaufkraft und Ansiedlungen von Unternehmen, da diese auf qualifizierte Arbeitskräfte angewiesen sind. Die Mittelschichtsförderung als Bevölkerungspolitik wird deshalb zum zentralen Kalkül von Stadtpolitik und staatlich initiierter Gentrifizierung.

In diesem Sinne setzten Städte auch vermehrt auf Familienfreundlichkeit, um Mittelschichtshaushalte anzuziehen. Dies tun sie allerdings nicht aus purer Nächstenliebe: «Vielmehr wird Familienfreundlichkeit beinahe ausschließlich in ihrer Funktion als Standortfaktor betrachtet und in den Dienst der lokalen bzw. regionalen Wirtschafts- und Wachstumsförderung gestellt» (Frank 2014: 362). Es handelt sich bei dieser gezielten Ansprache und der Produktion der Nachfrage von Mittelschichtshaushalten also um eine demographische Strategie, um Bevölkerungspolitik. Bevölkerungspolitik nennt man Politik, die die Größe oder Zusammensetzung einer Bevölkerung beeinflussen möchte, zum Beispiel in Bezug auf Fortpflanzung, aber auch auf die Wohnverhältnisse und die räumliche Verteilung von Bevölkerungsgruppen, auf ihre Inklusion oder Exklusion aus (administrativen) Räumen.

Oft bleibt diese Strategie der Bevölkerungspolitik implizit und in Diskursen über «soziale Mischung» versteckt. Mit diesem Diskurs sind aber bevölkerungspolitische Strategien verbunden: «Gentrification wird in dieser Perspektive [der sozialen Mischung] vom Problem zur Lösung stadtpolitischen Handelns» (Holm 2010b: 48). In Hamburg wird ganz explizit ein Bevölkerungsaustausch beworben, wie Florian Hohenstatt und Moritz Rinn beschreiben (Hohenstatt/Rinn 2013). Das Leitbild «Metropole Hamburg – Wachsende Stadt» sieht die Förderung von Mittelschichten vor. Die Stadt soll für neue, wohlhabendere Bewohner_innen, für hoch qualifizierte Arbeitskräfte, Mittelschichtsfamilien und Tourist_innen und als Unternehmens- bzw. Eventstandort attraktiv werden. Die Vorlage für das offizielle Leitbild stammt von der Unternehmensberatung McKinsey (Schubert 2006). In städtischen Neubauprojekten wie der HafenCity setzt sich das Leitbild um: Hier wird für eine gehobene Mittelschicht das

Bauland in bester Lage geopfert. Mit der Internationalen Bauausstellung (IBA) in Hamburg-Wilhelmsburg wird die Strategie der Bevölkerungspolitik auch in bereits bewohnten Quartieren auf der anderen Seite der Elbe angewandt. Wilhelmsburg, ein als «benachteiligt» gebrandmarktes Industrie- und Arbeiter_innenviertel, sah sich jahrzehntelanger Desinvestition ausgesetzt. Ausgesprochenes Ziel der IBA war es, sein Image zu verbessern und Mittelschichten anzusiedeln bzw. anzulocken: «Die schon in der *Sozialen Stadt* angelegte Sozialpolitik als Bevölkerungspolitik findet sich im *Sprung über die Elbe* in Reinform wieder» (Hohenstatt/Rinn 2013: 25, HiO).

Die üblichen Maßnahmen des Programms *Soziale Stadt*, die zumindest vorgaben, die Verdrängung von ärmeren Schichten zu verhindern, wie der Einsatz von Sozialarbeit, fallen hier weg: «Gesellschaftliche Konflikte werden nicht mehr in Soziale Probleme umdefiniert. Stattdessen erscheint Stadtentwicklung noch deutlicher als Klassenpolitik, die Platz schafft für die umworbenen ‹Mittelschichten› der *Wachsenden Stadt*» (Hohenstatt/Rinn 2013: 35, HiO). Das Anwerben einer neuen Bevölkerungsgruppe wird zum erklärten Ziel. Die «Angebotspolitik für die Mittelschicht» wird selbst zur «sozialen Aufgabe» (Lanz 2000: 41), anstatt eine Umverteilungspolitik für untere Schichten zu verfolgen. Dass es sich hier tatsächlich um eine verdrängende bevölkerungspolitische Strategie handelt, zeigt der Umstand, dass Hamburg zwar wächst und dies auch begrüßt wird, dass aber kein Leerstand als Reserve zur Verfügung steht und dass auch der Neubau in Wilhelmsburg stagniert. Die neue Mittelschicht verdrängt also erkennbar die ärmere Bevölkerung. Die Stadtentwicklungspolitik Hamburgs und die IBA sind ein gutes Beispiel dafür, wie Nachfrage erst produziert wird, indem ein Quartier unter hohem Aufwand mit einem «Festival der Stadtentwicklung» symbolisch aufgewertet wird, um so den Austausch der Bevölkerung voranzutreiben.

3. Politiken gegen Inwertsetzung

Gentrifizierung, verstanden als Bevölkerungspolitik, ist also nicht gottgegeben oder ein Naturgesetz. Ob Aufwertung auch zur Verdrängung führt, ist von politischen Entscheidungen abhängig. Die Wohnungsfrage ist unter kapitalistischen Bedingungen, solange Wohnen eine Ware ist, nicht lösbar. Es gibt aber eine ganze Reihe von politischen Instrumenten und Ideen, wie die Marktmacht in der Wohnungspolitik eingeschränkt oder sogar abgeschafft werden kann. Und eine ganze Reihe dieser Ideen wird in der aktuellen Wohnungskrise von stadtpolitischen Bewegungen und auch mancher Stadtregierung diskutiert oder eingeführt. Sollen diese Wohnungspolitiken Gentrifizierung entgegenwirken, müssen sie danach bewertet werden, ob sie dazu beitragen, das bezahlbare Segment für untere und mittlere Einkommensschichten auszuweiten; ob sie zur Dekommodifizierung des Wohnens beitragen, also das öffentliche und kollektive Wohnungsmarktsegment zu Ungunsten des Privaten ausweiten; und danach, ob sie zur Demokratisierung wohnungspolitischer Institutionen und stadtplanerischer Verfahren beitragen. Nur durch diesen Dreiklang – Bezahlbarkeit, Dekommodifizierung, Demokratisierung – könnte das neoliberale Paradigma der Wohnungspolitik gebrochen werden (Vollmer/Kadi 2018).

Alle drei Elemente sind zentral. Denn nur weil Wohnraum in öffentlicher Hand ist, heißt das noch lange nicht, dass diese auch bezahlbaren Wohnraum bereitstellt, wie die leidvollen Erfahrungen von Mieter_innen städtischer Wohnungsbaugesellschaften zeigen. Und nur weil eine Wohnung im Moment bezahlbar ist, heißt dass noch nicht, dass sie es auch dauerhaft bleibt. Davon können die Mieter_innen des sozialen Wohnungsbaus ein Lied singen. Nur eine radikale Demokratisierung wohnungspolitischer Institutionen und Verfahren kann die Privatisierung und die Renditeorientierung von Wohnungspolitik verhindern – und dabei Nachbarschaften lebenswerter machen und zu einer Demokratisierung von Gesellschaft beitragen.

In Mieter_innenbewegungen und kritischer Wissenschaft sind in den vergangenen Jahren zahlreiche Vorschläge gemacht worden, wie die aktuelle Wohnungskrise überwunden werden könnte (Schipper 2017). Die Regulierung im Bestand des privaten Wohnungsmarktes gestaltet sich am schwierigsten, weil es hier aufgrund der Eigentumsverhältnisse keine direkten Zugriffsrechte staatlicher Institutionen gibt. Trotzdem wird auch heute schon reguliert. Mieten in bestehenden Verträgen können nur um bis zu 20% in drei Jahren erhöht werden, in angespannten Wohnungsmärkten seit der Einführung einer neuen Regelung 2013 nur um 15%. Mieterhöhungen werden damit nicht verhindert, aber ausgebremst. Bei der Immobilienwirtschaft beliebte Schlupflöcher dieser Verlangsamung sind Modernisierung und energetische Modernisierung – denn die Kosten für die Aufwertungsmaßnahmen können auf die Mieten umgelegt werden und erlauben so oft saftige Mieterhöhungen. Zu wie viel Prozent diese Umlegung gestattet ist, ist im Moment Gegenstand politischer Aushandlungen. Mietwohnungen in Eigentumswohnungen umzuwandeln, ist eine weitere Strategie, um den Mieterhöhungsbeschränkungen entgegenzuwirken. Einige Städte haben deshalb Umwandlungsverbote erlassen, die allerdings nur in sogenannten sozialen Erhaltungsgebieten, auch Milieuschutzgebiete genannt, gelten.

Neuvermietungen unterliegen den bremsenden Beschränkungen nicht. Deshalb greifen viele Vermieter_innen zu illegitimen bis illegalen Mitteln, um Altmieter_innen loszuwerden: Vom Verschicken unbegründeter Kündigungen über das Einrichten lärmintensiver Dauerbaustellen bis zur mutwilligen Beschädigung des eigenen Mietshauses, um es unbewohnbar zu machen, haben Mieter_innen schon von allen möglichen Strategien berichtet. Ist der alte Haushalt erstmal freiwillig oder unfreiwillig raus, kann die Wohnung ohne Beschränkung zu Marktpreis vermietet werden. Die Einführung der Mietpreisbremse 2014 hat daran nur wenig geändert. Sie verbietet die Erhöhung von Mieten bei Neuvermietung über 15% des Mietspiegels in angespannten Wohnungsmärkten. Das Gesetz ist aber unter dem Einfluß der Immobilienwirtschaft derart löchrig geschrieben worden, dass zahlreiche Ausnahmeregelungen es relativ unwirksam werden lassen (Holm 2014a). Selbst wo die Bremse greifen müsste, halten sich Vermieter oftmals nicht daran – und nur die allerwenigsten Mieter_innen trauen sich nach ihrem Einzug zu klagen.

In all diesen Bereichen könnten deutlich stärkere Regularien eingeführt werden. Die Stadt-AG der Interventionistischen Linken in Berlin (IL) betont in ihrer Broschüre «Das Rote Berlin. Strategien für eine sozialistische Stadt», dass eine wirklich soziale und gerechte Wohnungsversorgung nur außerhalb der Marktlogik gelingen kann. Die Vorschläge für eine sozialistische Stadt kondensieren die Ideen und Debatten der Berliner Mieter_innenbewegung. Ziel einer sozialistischen Wohnungspolitik müsse die Vergesellschaftung des Wohnens sein, «begriffen als Einheit von öffentlichem Eigentum und demokratischer Selbstverwaltung» (Interventionistische Linke Berlin Stadt AG 2018: 5).

Um dieses Ziel zu erreichen, schlägt die IL Stadt-AG einen Dreischritt vor: Den privaten Wohnungsmarkt zurückzudrängen, Wohnraum als Gemeingut auszubauen und die Verwaltung öffentlicher Wohnungen radikal zu demokratisieren. Anstatt die private Wohnungswirtschaft als Partnerin zu begreifen, wie es alle Parteien in Deutschland mehr oder weniger tun, gilt es, deren profitorientierte Logik von der Bereitstellung des Grundbedürfnisses Wohnen auszuschließen. Der Widerspruch zwischen Wohnen als Zuhause und Wohnen als Ware ist hier Ausgangspunkt der politischen Überlegungen. Investitionen von Privaten sollen nicht angeregt werden, sondern im Gegenteil erschwert und verhindert werden. Das Platzen der Immobilienblase ist die Voraussetzung für die Vergesellschaftung des Wohnraums. Um dieses Ziel zu erreichen, soll «Sand ins Getriebe des Immobilienkapitals» gestreut werden (Interventionistische Linke Berlin Stadt AG 2018: 17). Konkret schlägt die IL unter anderem ein Verbot börsennotierter Immobilienunternehmen, das Verbot von Share Deals, mit denen Grunderwerbsteuern umgangen werden können, sowie eine gestaffelte Grunderwerbssteuer vor, die gemeinnützige Wohnungsunternehmen bevorzugt. Eine Grundsteuerreform könnte dazu führen, dass diese, wie im Roten Wien der 1920er-Jahre, vor allem im Hochpreissegment erhoben wird. Außerdem könnte das Mietrecht ausgeweitet werden, indem Mietobergrenzen, wie sie zum Beispiel in Berlin noch bis in die 1980er-Jahre galten, statt marktorientierten Mietspiegeln eingeführt werden. Ein Verbandsklagerecht würde es Mieter_innen erleichtern, sich rechtlich zu kollektivieren und durch Mietervereine vertreten zu lassen; es müsste nicht mehr jeder Haushalt eines Miethauses einzeln auf Instandsetzung klagen. Dieses Zurückdrängen des privaten Marktes müsste von einer Ausweitung des öffentlichen Bestandes begleitet werden, für die die reformierten Steuereinnahmen die Voraussetzung sind. Die öffentliche Förderung von Wohnungsbau und -ankauf müsste massiv steigen und ausschließlich an öffentliche und gemeinnützige Träger fließen. Dazu müsste zunächst eine neue Wohnungsgemeinnützigkeit eingeführt werden. Auch eine Enteignung privater Wohnungsanbieter zum Wohle der Allgemeinheit, wie es bei Autobahnbau oder Kohleförderung oft vorkommt, bringt die Stadt-Ag der IL ins Spiel. Außerdem müssten Bund, Länder und Kommunen zu einer aktiven Liegenschaftspolitik übergehen und Boden ankaufen statt verkaufen. All diese (Re-)Kommunalisierungsbestrebungen seien aber nur sinnvoll, wenn sie mit einer umfassenden Demokratisierung der Institutionen, der städtischen Wohnungsbaugesellschaften wie Genossenschaften, einhergehen.

Denn, dass sich Boden und Immobilien in öffentlicher Hand befinden, ist keine Garantie dafür, dass die Mieter_innen dann vor Verdrängung geschützt sind. Die Politik der unternehmerischen Stadt hat dazu geführt, dass städtische Wohnungsbaugesellschaften zur Unterstützung des öffentlichen Haushalts gemolken werden, anstatt ihren sozialen Aufgaben nachzukommen. Die bevölkerungspolitischen Strategien von Stadtregierungen haben die Gesellschaften veranlasst, auch in ihren Wohnungsbeständen Mittelschichtsförderung zu betreiben. Trotzdem macht öffentliches Eigentum sozial gerechte Nutzung zumindest verhandelbar und politisch diskutierbar. Um diese Entscheidung von politisch wechselnden Mehrheitsverhältnissen möglichst zu entkoppeln, ist es sinnvoll, einen eigenständigen gemeinnützigen und nicht-gewinnorientierten Wohnungssektor aufzubauen. Akteure können hier sowohl öffentliche als auch kollektive, wie Hausprojekte oder Genossenschaften, sein. Bis 1990 wurde ein solcher Sektor in Deutschland durch das Wohnungsgemeinnützigkeitsgesetz gefördert. Es sah vor, dass Akteure der gemeinnützigen Wohnungswirtschaft Steuererleichterungen und Subventionen erhielten, wenn sie im Gegenzug ihre Rendite auf vier Prozent im Jahr beschränkten, Wohnraum für untere und mittlere Einkommen bereitstellten und ihre erwirtschafteten Gewinne in den Neubau von bezahlbarem Wohnraum steckten. Heute fordern Mieter_innenvertreter_innen, die Bundestagsfraktionen der Grünen und der Linken eine Wiedereinführung der Wohnungsgemeinnützigkeit (Kuhnert/Leps 2015, Holm/Horlitz/Jensen 2015).

Exkurs: Mietshäuser Syndikat

Das *Mietshäuser Syndikat* ist eine Form der alternativen Wohnraumversorgung, in der selbstorganisierte Hausprojekte ihre Gebäude dem Immobilienmarkt entziehen. Das *Mietshäuser Syndikat* wurde in den 1990er-Jahren In Freiburg im Breisgau gegründet. Die Gründer_innen reagierten damit auf eine Krise der in den 1970er- und 1980er-Jahren besetzten Häuser. Viele dieser Wohnprojekte dienten mittlerweile nur noch dem «schöner Wohnen» oder der Besitzstandwahrung der darin Lebenden. Ein politischer Anspruch, der Anspruch über sich hinaus zu wirken, war strukturell verloren gegangen. Dieses Problem will das *Mietshäuser Syndikat* an der Wurzel packen und überlegte sich deshalb ein System verschränkter Eigentümerschaften und -gruppen, durch das eine Privatisierung der Häuser ausgeschlossen wird und gleichzeitig das gesamte System des Syndikats wächst. Mittlerweile besteht das Syndikat aus mehr als 120 Projekten, zum Wohnen oder Arbeiten, im Altbau oder Neubau, klitzeklein oder komplette Mehrfamilienhäuser.

Die Eigentümerschaft an den Häusern und am gesamten Syndikat ist in einem System gegenseitiger Kontrolle paritätisch aufgeteilt. Jede Immobilie im Verbund gehört einer eigens gegründeten GmbH. In dieser GmbH sind die Stimmrechte paritätisch aufgeteilt zwischen dem Hausverein der Bewohner_innen und einer weiteren GmbH, die das gesamte Syndikat repräsentiert. Die Gesamt-GmbH vereint alle Hausvereine und externen Mitglieder wie Berater_innen. Durch diese Aufteilung ist garantiert, dass kein Hausverein auf die Idee kommt, die Wertsteigerung seiner Immobilie durch Verkauf zu realisieren. Gleichzeitig sind alle Vereine demokratisch an Entscheidungsfindungsprozessen des gesamten Syndikats beteiligt.

Dem *Mietshäuser Syndikat* gelingt es, durch Direktkredite mit geringen Zinsen und durch Eigenleistungen der Bewohner_innen am Bau, die Mietkosten bei Neubau oder nach Renovierung sehr gering zu halten. Ein finanzieller Eigenanteil der Mieter_innen ist nicht nötig, was das Syndikat theoretisch für alle offen macht. In der Realität ist dennoch ein hohes Maß an kulturellem und sozialem Kapital nötig, um sich an den selbstorganisierten Prozessen zu beteiligen.

Im Syndikat ist ein Mechanismus eingebaut, der es zumindest finanziell wachsen lässt: Anstatt, dass die Mieten sinken, nachdem zum Beispiel die Finanzierungskosten für eine Renovierung getilgt sind, geht ein mit der Zeit steigender Soli-Beitrag von jeder Mietzahlung ab, mit dem neue Projekte finanziell unterstützt werden können. So hat sich das Syndikat einen eigenen revolvierenden Fonds geschaffen.

In vielen Städten sind die Grundstücks- und Immobilienpreise mittlerweile aber so hoch, dass das *Mietshäuser Syndikat* auch mit ihren Methoden keine bezahlbaren Mieten mehr realisieren kann. Es wird deshalb andere Wege gehen müssen, sich stärker politisch für einzelne Grundstücke oder Wohnungspolitik allgemein einsetzen und in der Entwicklung kommunaler Liegenschaften enger mit den Kommunen zusammenarbeiten müssen.

Für den Aufbau eines gemeinnützigen Wohnungssektors spielt die Bodenpolitik eine wichtige Rolle. Nach der Rent-gap-Theorie setzen sich unter kapitalistischen Bedingungen in der Konkurrenz um Boden immer diejenigen durch, deren Nutzung möglichst viel Gewinn bringt. In vielen Städten Deutschlands lässt sich dieser Mechanismus beobachten: Statt der eigentlich benötigten bezahlbaren Wohnungen entstehen Wohnungen im gehobenen Segment. In der Konkurrenz um Grundstücke und durch den hohen Anlagedruck des internationalen Kapitals steigen Bodenpreise massiv an. Wohnungsmarktakteure, die günstigen Wohnraum bereitstellen wollen, wie Genossenschaften oder das Mietshäusersyndikat, kommen nicht mehr zum Zug.

Überschreiten die Grundstückspreise eine gewisse Grenze, können auch nicht-profitorientierte Wohnungsbauträger keine sozial gerechten Mieten mehr garantieren. Was kann regulatorisch gegen diese Entwicklung unternommen werden? Dort, wo die öffentliche Hand noch eigene Liegenschaften besitzt, kann sie sicherstellen, dass sie nicht maximal verwertet werden.

Auf kommunaler und Landesebene sind mittlerweile einige Städte – wie Hamburg, Berlin oder Leipzig – von dem Verkauf ihrer Grundstücke im Höchstpreisverfahren an Private abgerückt. Stattdessen werden Grundstücke in Konzeptverfahren an Entwickler vergeben.

Diese Konzeptverfahren können ganz unterschiedlich ausgestaltet sein und legen unterschiedliche Kriterien bei der Bewertung der Qualität eines Konzeptes an. Sie zielen aber alle darauf ab, dass nicht die maximale Inwertsetzung sich durchsetzt, sondern eine Nutzung des Grundstücks, die (auch) sozialen Kriterien folgt. Wie hoch der Anteil der wirklich bezahlbaren Wohnungen bzw. Sozialwohnungen dabei ist und welche Träger sich durchsetzen, ist abhängig von der Ausgestaltung des Konzeptverfahrens – und Gegenstand von Konflikten und Verhandlungen. Der Anteil der wirklich bezahlbaren und Sozialwohnungen bei solchen Projekten wird oft auf dreißig Prozent beschränkt. Dahinter steht entweder die Argumentation, in den Neubaugebieten solle eine soziale Mischung gewährleistet werden – in Städten wie Berlin oder Hamburg, in denen mehr als fünfzig Prozent der Bevölkerung Anrecht auf eine Wohnung mit Wohnberechtigungsschein hätten und in denen ansonsten ausschließlich teure Wohnungen entstehen ist das eine absurde Denkweise. Oder die Argumente gegen einen höheren Anteil an Sozialwohnungen beziehen sich auf die obskure Angst, private Wohnungsmarktakteure, und damit das von ihnen benötigte Kapital, würden dann nicht mehr investieren. Abgesehen davon, dass das ja durchaus ein gewünschter Effekt sein sollte, zeigen Beispiele aus Freiburg, dass die Sorge unbegründet ist: Dort wurde das *Mietshäuser Syndikat* in einem Konzeptverfahren in ihrem Anteil an Sozialwohnungen von einem privaten Akteur überboten. Auf dem globalen Finanzmarkt herrscht derartig hoher Anlagedruck, dass auch Investitionen mit kleiner, aber dafür sicherer Rendite interessant sind.

Eine weitere Möglichkeit, die Grundstückskosten für Projekte des bezahlbaren Wohnraums niedrig zu halten und gleichzeitig Grundstücke im öffentlichen Eigentum zu behalten, ist das Erbbaurecht. Das Erbbaurecht erlaubt es, Grundstück und Boden rechtlich voneinander zu trennen. Mit einem Erbbaurechtsvertrag können zum Beispiel kommunale Grundstücke für einen bestimmten Zeitraum, meist 66 oder 99 Jahre, an einen Bauträger verpachtet werden, der dafür über den gesamten

Zeitraum einen Zins bezahlt, anstatt einmalig einen Kaufpreis. Der Boden wird also nicht privatisiert und nicht als Ware gehandelt. Gleichzeitig erlaubt das Erbbaurechtsgesetz mit einem Zweckparagraph weitgehende Vorgaben zur Nutzung des Bodens im Erbbaurechtvertrag. Deshalb ist es als Instrument für eine gemeinnützige Entwicklung von Grundstücken interessant. Miethöhen, Nutzungen, Belegungsbindungen und vieles mehr kann langfristig festgeschrieben werden. So können gemeinnützige oder private Wohnungsmarktakteure, wie zum Beispiel Genossenschaften und Hausprojekte, an der Wohnraumbereitstellung beteiligt und öffentliche Träger zur sozial gerechten Bewirtschaftung gezwungen werden.

Die Höhe des jährlich zu zahlenden Zinses ist entscheidend für die Bezahlbarkeit der künftigen Nutzungen. Hier wird auch mit Modellen der «sozialen Rendite» experimentiert. In Krefeld hat die *Montag Stiftung Urbane Räume* das Erbbaurecht der Samtweberei mit null Prozent verzinst. Der entfallende Zins muss dafür in die Quartiersarbeit vor Ort gesteckt werden. Eine Expertenwerkstatt, veranstaltet vom *Runden Tisch Liegenschaftspolitik*, hat in Berlin Empfehlungen für ein Modell des Erbbaurechts entwickelt (Runder Tisch Liegenschaftspolitik 2018): Die Zinslast sollte sich nicht nach dem Bodenwert auf den überhitzen Bodenmärkten richten, sondern nach den zu erwirtschaftenden Erträgen gemeinwohlorientierter Nutzungen. Die Höhe des Zinses sollte also zum Beispiel von der Höhe der angestrebten Miete abhängen. Außerdem sollte das Erbbaurecht genutzt werden, um die temporären Belegungs- und Preisbindungen von gefördertem sozialem Wohnungsbau dauerhaft abzusichern. Einzelne Grundstücke sollten integriert an verschiedene kommunale, genossenschaftliche und gemeinnützige Wohnungsbauträger gehen. Darüberhinaus sollten Städte Bodenfonds einführen, die Grundstücke ankaufen, diese in Erbbaurecht vergeben und deren Einnahmen in einem revolvierenden Fonds wiederum für den Ankauf neuer Grundstücke nutzen. Diese Bodenfonds sollten sowohl von kommunalen als auch von zivilgesellschaftlichen Strukturen getragen und verwaltet werden.

Ein Modell der nicht-profitorientierten und selbstverwalteten Wohnraumbereitstellung, dass an das Erbbaurecht anschließt, ist der Community Land Trust (CLT) aus den USA (Horlitz 2017). Auch hier werden Boden und Immobilien getrennt und so mögliche Bodenwertsteigerungen kollektiv nutzbar gemacht, anstatt sie zu privatisieren. Der Boden wird von einer Treuhandgesellschaft kollektiv besessen und verwaltet. Über diese Begrenzung oder Abschaffung von Profit hinaus beinhalteten Community Land Trusts ein interessantes Modell der Selbstverwaltung. Der Vorstand des CLT, der den Boden besitzt, besteht aus mehreren Gruppen; meist zu einem Drittel aus Nutzer_innen, zu einem Drittel aus Nachbar_innen und zu einem Drittel aus öffentlichen Personen. So wird der Einfluss der Bewohner_innen begrenzt, die möglicherweise Interesse daran haben, die Wertsteigerung ihrer Immobilien zu realisieren. Dagegen wird das nachbarschaftliche und das gesellschaftliche Interesse an der Entwicklung der räumlich meist abgegrenzten CLTs gestärkt. Durch die Aufsplittung des Eigentums und die geteilte Verwaltung kann es gelingen, zwischen den Interessen der Nutzer_innen, denen der Nachbarschaft und gesamtgesellschaftlichen Interessen zu vermitteln. Vorstellbar ist auch, dass sowohl zivilgesellschaftliche Repräsentant_innen als auch politisch institutionelle integriert werden.

Durch die tiefgreifende Neoliberalisierung der Stadtverwaltungen sind allerdings in vielen Städten nicht mehr viele öffentliche Grundstücke übrig, auf denen man diese Instrumente anwenden könnte. Auf privaten Grundstücken ist die Bodenpreisentwicklung und damit auch die Mietentwicklung viel schwieriger zu steuern. Eine Möglichkeit auch hier einzugreifen, ist die Abschöpfung des Planungsmehrwerts bzw. des Bodenwertzuwachses durch kommunale Verwaltungen. Dies ist aber nur möglich, wenn auf einem Grundstück erst noch Bebauungsrecht geschaffen werden muss. Wird ein solches geschaffen oder zum Beispiel ein Gewerbegebiet in ein Wohngebiet umgewidmet, wächst der Wert des Bodens. Dieser kann durch die Kommune abgeschöpft werden, um zum Beispiel die Erschließungskosten oder den Bau öffentlicher Infrastruktur zu finanzieren. Auch kann so ein Anteil von Sozialwohnungen im privaten Wohnungsbau erzwungen werden (Bsp. Berlin: Schade 2017). Problematisch an dieser Bodenwertabschöpfung ist, dass sie die private Renditeerwartung nur teilweise beschränkt und durch das Einbeziehen privater Akteure in die Erstellung sozialer Infrastruktur weitere Teile des Sozialstaates kommodifiziert werden. In Freiburg im Breisgau ist man da schon einen Schritt weiter: Dort wird privaten Grundstückseigentümern kein

Baurecht erteilt. Stattdessen bietet die Stadt an, die Grundstücke zum Verkehrswert zu kaufen. Grundstückseigentümer lassen sich lieber darauf ein, als ihr Kapital unproduktiv auf dem nicht nutzbaren Grundstück liegen zu lassen.

Wie diese Beispiele gezeigt haben, gibt es viele Möglichkeiten, Wohnungspolitik auch gegen den Markt zu betreiben. Gentrifizierung ist also keine Naturkatastrophe. Ihr kann politisch begegnet werden, indem das Schließen der Ertragslücke, die Gewinnerwartung mit der Ware Wohnraum beschränkt oder abgeschafft wird. Das Mietrecht, die Eigentumsverhältnisse, das Steuerrecht und neue institutionelle Arrangements bieten dazu politischen Spielraum – die Frage ist, ob und wie er auf welcher politischen Ebene genutzt wird. Von alleine kommen die wenigsten Stadtregierungen, ganz zu schweigen von Landes- und Bundesregierungen, auf die Idee, Verwertungsinteressen an unseren Städten zu beschneiden. Deshalb ist die Rolle von städtischen sozialen Bewegungen und Mieter_innenprotesten so zentral. Aber sie sind nicht nur dazu da, Regierungen auf ein Problem aufmerksam zu machen. Viele der neuen Ideen zur Regulierung des Wohnungsmarktes und zur grundsätzlichen Vergesellschaftung des Wohnens kommen aus diesen Bewegungen. Sie treten konsequent für eine sozial gerechte Stadt und für die Demokratisierung der Gesellschaft ein.

Wie es gelingen kann, politischen Druck von unten aufzubauen, um die Vergesellschaftung des Wohnens voranzutreiben, ist das Thema der folgenden Kapitel.

4. Betroffenheit kollektivieren, Wohnungsfrage politisieren

Um überhaupt so weit zu kommen, realpolitische oder gar transformatorische Forderungen zu stellen und diese auch durchsetzen zu können, müssen von Mietsteigerung betroffene Mieter_innen zunächst von ihrer eigenen Betroffenheit abstrahieren, einen Akteur etablieren, der sprechen kann und gehört wird, und die Wohnungsfrage politisieren. Das ist vor allem in einer neoliberalen Gesellschaft, die eine Vereinzelung von Personen und Themen befördert und in der allen Menschen eingetrichtert wird, sie seien selbst schuld, wenn es ihnen nicht gut geht, nicht selbstverständlich. Um diesen Prozess nachvollziehbar zu machen, wird er im Folgenden zunächst idealtypisch und dann anhand von Beispielen aus verschiedenen Städten dargestellt.

Nach der Jahrtausendwende haben sich zahlreiche neue mietenpolitische Initiativen und Bündnisse in Deutschland gegründet. Sie heißen *Wem gehört die Stadt? Stadtpolitisches Bündnis Mannheim*, *Erfurt für ALLE!*, *Netzwerk Wohnraum für Alle Hannover*, *Recht auf Stadt Jena*, *Recht auf Stadt Freiburg*, *Recht auf Stadt Hamburg*, *Recht auf Stadt Kassel*, *Recht auf Stadt Ruhr*, *Leipzig Stadt für Alle*, *Tübinger Bündnis gegen Wohnungsnot*, *Bündnis bezahlbares Wohnen München* oder sie tragen Namen der Nachbarschaften und Häuser, in denen sie aktiv sind. Diese Initiativen und Bündnisse sind relativ heterogen. Anlässe für ihre Gründung reichen von der Ankündigung einer Mieterhöhung über das generelle Unwohlsein mit der Veränderung in der Nachbarschaft bis zur akademischen Beschäftigung mit dem Recht auf Stadt. Die im Folgenden dargestellten Initiativen beschäftigen sich hauptsächlich mit der Frage des Wohnens. Mit Gentrifizierung hängen natürlich auch andere Verwertungsmechanismen der Stadt zusammen und so gibt es auch zahlreiche Initiativen, die sich gegen die Privatisierung sozialer Infrastruktur, der Unzugänglichkeit des öffentlichen Raums, dem Fehlen innerstädtischer bezahlbarer Arbeits- und Gewerberäume oder ganz allgemein dem «Recht auf Stadt» befassen. In zahlreichen deutschen Städten sind mehr oder weniger große Mieter_innen- und Recht-auf-Stadt-Bewegungen ins Leben gerufen worden. Oft entstehen sie aus einem konkreten Konflikt heraus, allgemeinere, über die Wohnungsfrage hinausgehende politische Positionierungen werden selten ausformuliert. Im Unterschied zu klassischen Bürger_inneninitiativen ist die Praxis vieler Mieter_inneninitiativen aber dennoch konfliktbetonter und grundsätzlicher – ihre Handlungslogik ist «außerhalb des Rahmens konsensorientierter Stadtentwicklung» verortet (Rinn 2016: 321). Im Unterschied zu Bürger_inneninitiativen beziehen sie ihre Parteilichkeit auch nicht nur aus einer unmittelbaren Betroffenheit. Es geht also nicht nur darum, Veränderungsprozesse im eigenen Wohnverhältnis oder der Nachbarschaft mitgestalten zu dürfen, weil man Anwohner_in ist. Mit häufig auftauchenden Namen und Slogans wie «Wem gehört XY?» oder «Wir bleiben / Stadt für Alle!» verweisen viele Initiativen auf grundsätzliche stadtentwicklungspolitische Konflikte aufgrund des Ausschlusses aus Gesellschaft durch Verdrängung. Dabei mag es zunächst paradox erscheinen, dass eine Forderung «XXX für Alle» parteilich gemeint sein soll. Das ist sie aber im populären Sinn: das Recht «Aller» auf Stadt – also vor allem der jetzt davon Ausgeschlossenen – soll gegen die Profitlogik und die dahinterstehenden Akteure verteidigt werden. Die Forderungen «für Alle» ist also nicht zu verwechseln mit dem klassenneutralen Partizipationsanspruch, in dem davon ausgegangen wird, dass alle vor Staat und Gesetz gleich sind und sich alle mit gleichen Rechten beteiligen können.

Aufgrund ihrer anlassbezogenen Gründung sind viele Mieter_inneninitiativen relativ heterogen zusammengesetzt und so nehmen auch ihre Aktionen ganz verschiedene Formen an: Von Demos über Bürgerentscheide, inhaltlichen Workshops und Besetzungen, bis hin zu Blockaden und Straßenfesten. Trotz dieser Heterogenität in Aktions- und Erscheinungsformen gelingt es vielen Bewegungen als kollektiver Akteur aufzutreten. Dahinter steckt eine mehr oder weniger explizite geteilte politische Kollektivität, eine geteilte Interpretation der eigenen Lebenslage und derer Ursachen. In der Organisierung wird diese Kollektivität hergestellt und ausgebaut.

In der Organisierung ist es notwendig, in einem Abstraktionsprozess ein Gruppengefühl herzustellen, als Akteur aufzutreten und die eigene Betroffenheit in einem konkreten Konflikt strukturell zu interpretieren. Dieser Abstraktions- oder Vergemeinschaftungsprozess vollzieht sich zum Beispiel in einer Gruppe von Mieter_innen in einem bestimmten Haus, nachdem sie von einer Mieterhöhung betroffen sind. Oder innerhalb einer von

Gentrifizierung betroffenen Nachbarschaft. Oder als Austausch und Vernetzung zwischen schon bestehenden Initiativen.

In einer Gruppe, die aufgrund einer konkreten Bedrohungssituation der eigenen Lebenslage, einer drohenden Verdrängung, entsteht, ist dieser Abstraktionsprozess von der eigenen Betroffenheit zur strukturellen Interpretation am längsten. Oft sind ein Brief, der über eine bevorstehende Mieterhöhung oder Modernisierung informiert, die drohende Zwangsräumung einer_s Nachbar_in oder Gespräche im Hausflur über die verschimmelnde Wohnung Auslöser, um mit Nachbar_innen ins Gespräch zu kommen. Um ein gemeinsames Verständnis der eigenen Lage zu erarbeiten, wird an Haustüren geklopft, Aushänge informieren, Treffen werden organisiert, Beratung gesucht. Dieser Prozess kann auch von außerhalb des Hauses, durch stadtpolitische Aktivist_innen, angestoßen werden. Die Ursachen für die drohende Verdrängung müssen gefunden und interpretiert werden. Diese Interpretation kann individuell – der Vermieter ist zu gierig – oder strukturell – die Umlage der Modernisierungskosten erlaubt eine Mieterhöhung – ausfallen. Dann werden Forderungen aufgestellt – zur eigenen Lage und bei zunehmender Abstraktion der Interpretation auch strukturelle Forderungen. Oft werden auch juristische Schritte durch die Mieter_innen eingeleitet. Mieter_innenvereine sind in Deutschland schon lange und weit verbreitet und bieten schnelle Rechtsberatung. Vor allem die in den 1970er- und 1980er-Jahren gegründeten oder übernommenen linken Mieter_innenvereine, wie der *MieterInnenverein Witten* oder *Mieter helfen Mietern* in Hamburg und Frankfurt, fassen ihre Aufgaben etwas weiter und unterstützen Mieter_innen in ihrer Selbstorganisation.

Die direkte Ansprache der Vermieterseite durch die Mieter_innen scheitert meist, da diese sich in betriebswirtschaftlicher Logik der Profitsteigerung im Recht sieht. Deshalb werden oft Politiker_innen und Institutionen wie städtische Wohnungsbaugesellschaften mit Briefen und Besuchen über den Konflikt informiert. Druck wird aufgebaut, in dem die Presse angesprochen wird. Die breite Medienaufmerksamkeit, die dem Thema Gentrifizierung, steigende Mieten und Protesten mittlerweile in vielen Städten geschenkt wird, bietet einen guten Nährboden für neue Gruppen. Viele Pressevertreter_innen sind an Stimmen, die aus einer authentischen, lokalen Betroffenheit sprechen, interessiert. Allerdings wird Protest deshalb auch oft als rein lokales und individuelles Problem wahrgenommen, wenn es nicht gelingt, die eigene Betroffenheit als exemplarisch und nicht als Einzelfall darzustellen.

Für den Organisierungsprozess solcher Gruppen ist der soziale Charakter des Austauschs zentral. Bei von Mieterhöhungen betroffenen Mieter_innen handelt es sich nicht um Profiaktivist_innen, ihre Leidensfähigkeit, was langwierige inhaltliche und ideologische Plenumsdebatten angeht, ist gering. Dafür stehen soziale Aktivitäten wie gemeinsames Feiern und Essen, Filmvorführungen und Konzerte im Mittelpunkt, um sich kennenzulernen und gleichzeitig die Nachbarschaft zu informieren. Viele Gruppen etablieren deshalb einen eigenen sozialen Ort, ein Wohnzimmer, Hinterhof oder einen (temporär) besetzten öffentlichen Ort. Diese Orte sind nicht nur symbolischer Ausdruck des Protestes, sondern auch lebendiger Ort des Austauschs und der Organisierung. Bei vielen dieser Mieter_innengruppen, die aus der direkten Betroffenheit agieren, fällt der hohe Anteil von Frauen auf. Dies könnte daran liegen, dass die soziale Verantwortung für das Zuhause traditionell Frauen zugeschrieben wird, und daran, dass der starke soziale Charakter der Gruppen für das weiblich erzogene Geschlecht leichter zugänglich ist. Die Geschlechterverteilung bei der Auswahl von Repräsentat_innen gegenüber der Politik, in den Medien oder bei Vernetzungen sieht freilich wieder ganz anders aus.

Es wird versucht, die Nachbarschaft für die eigenen Belange in Aktionen einzubinden. Diese Aktionen sind zunächst meist niedrigschwellig, da die Mieter_innen nicht unbedingt über politische Erfahrung verfügen. Kundgebungen und Demos politisieren sie. Die Aktionsformen können dann bis zu eher konfrontativen Formaten wie Go-Ins bei Vermietern und Blockaden von Zwangsräumungen reichen. Eine nachbarschaftliche Kollektivität aufzubauen, kann helfen, die einzelnen Kämpfe zu unterstützen und zu verbinden.

Die meisten Mieter_inneninitiativen sind in ihren Organisationsformen grundsätzlich offen. Ihre Strukturen sind – zumindest dem Anspruch nach – unhierarchisch und kommen ohne offizielle Sprecher_innen aus. Auch wird mit verschiedenen Organisationsformen experimentiert, in denen sich auch Menschen mit knappen Zeitressourcen und ohne hohes kulturelles Kapital einbringen können. Der Erfahrungsaustausch über die eigene Lebenssituation, über das eigene Leid nimmt eine wichtige Rolle ein; ihm wird deshalb in manchen Gruppentreffen eine eigene Zeit zugeordnet. Die offene Organisationsform verbindet sich mit einem undogmatischen Umgang mit ideologischen Orientierungen. Es gibt keine politischen Voraussetzungen, um bei einer Mieter_inneninitiative mitzumachen. Die Betroffenheit ist der gemeinsame Nenner, nicht das Bekenntnis zu einer politischen Ideologie. Die Diversität der Mitglieder spiegelt sich in ihren Praktiken. So gibt es keine Anzeichen einer subkulturellen Abschließung in einem gemeinsamen Kleidungsstil, gemeinsamen Sprachstil oder bestimmten Szenetreffs.

Die Vernetzung von Mieter_inneninitiativen ist aufgrund ihrer lokalen Verankerung und ihrer konkreten Betroffenheit oftmals schwierig. Aber auch als fragmentierte Bewegung ist es Mieter_innen in vielen Städten gelungen als gemeinsamer Akteur aufzutreten und in Medien und Politik als solcher wahrgenommen zu werden. In der Heterogenität der Bewegungen liegt auch ein Vorteil, denn sie können ihre Strategie schneller wandeln, sind weniger leicht in die offizielle Politik einhegbar und können schnell auf Diskursverschiebungen reagieren.

In vielen Städten ist die Vernetzung einiger oder aller stadtpolitischen Initiativen auf verschiedene Arten versucht worden. Diese Versuche waren vor allem dann erfolgreich, wenn sie einen konkreten Anlass – zum Beispiel ein städtebauliches Großprojekt – und ein konkretes Ziel – zum Beispiel eine gemeinsame Demonstration – hatten. Vernetzungen gelingen außerdem nur dann, wenn sie an den Praktiken und Forderungen der bereits organisierten Gruppen anknüpfen. Denn eine verbindende politische Identität, eine geteilte Ideologie oder auch nur ein ähnlicher Habitus fehlt weitgehend.

Denn in vielen Städten sind mittlerweile breite Schichten der Bevölkerung von Mietsteigerungen und Verdrängung betroffen, was eine Koalition aus ärmeren und marginalisierten Schichten und der (prekarisierten) Mittelschicht ermöglicht. Diese relativ heterogene Trägerschaft sollte aber nicht darüber hinwegtäuschen, dass es weiterhin eine der zentralen Aufgabe der Bewegung bleibt, die Perspektiven und die Menschen aus unteren Einkommensschichten, aus ethnischen Minderheiten oder anderen diskriminierten Positionen einzubeziehen. Die multipel prekären Lebensumstände marginalisierter Schichten machen es für Menschen mit geringem Einkommen oder Migrationserfahrung schwierig, auf Dauer viel Zeit und Energie in politische Kämpfe zu stecken, die ihre unmittelbare Situation nicht kurzfristig verbessern können. Besonders in längerfristigen Organisationsstrukturen und in der zeitintensiven Erarbeitung von fachlicher Expertise bleibt es eine Herausforderung, Aktivist_innen jenseits der prekarisierten Mittelschicht einzubeziehen. Die Repräsentationslogik des hegemonialen Politikmodus, die Ansprüche des politischen Betriebs an Fachwissen und -terminologie und die Suche der Medien nach eindeutigen Sprecher_innen machen die Bemühungen vieler Initiativen nach ausgeglichenen Rollenverteilungen oft zunichte. Diese Probleme werden in den Gruppen verhandelt.

Im Folgenden werden nun einige mietenpolitische Initiativen beschrieben, um an konkreten Beispiele nachvollziehen zu können, auf welche unterschiedliche Art und Weise die Abstraktion von der unmittelbaren Betroffenheit, die Herstellung eines Gruppengefühls, die Mobilisierung, die Politisierung der Wohnungsfrage und die Vernetzung gelingen kann.

In Hamburg stehen die Mieter_innenproteste im Wilhelmsburger Bahnhofs- und Korallusviertel exemplarisch für eine Organisierung aus der Betroffenheit gegen einen privaten Vermieter (Birke/Hohenstatt/Rinn 2015, Habermann/Hohenstatt 2013). In unmittelbarer Nähe zur schon beschriebenen IBA im südlich der Elbe gelegenen Stadtteil Wilhelmsburg befanden sich die Mehrzahl der Wohnungen in dem gründerzeitlichen Viertel und der Wohnsiedlung aus den 1960er- und 1970er-Jahren, ehemals Wohnungen für die Arbeiter_innen der Bahn, in der Hand der GAGFAH[2]. Die ursprünglich günstigen Wohnungsbestände in zentraler Lage wurden nach ihrer Privatisierung systematisch vernachlässigt. Die Mieter_innen litten unter schimmelnden Wänden und verrottenden Treppenhäusern bei gleichzeitigen Mietsteigerungen. Intransparente, hohe Nebenkostenabrechnungen und die diskriminierende, rassistische und chauvinistische Behandlung der Mieter_innen mit Migrationshintergrund

2 Die «Gemeinnützige Aktien-Gesellschaft für Angestellten-Heimstätten» GAGFAH wurde 1918 gegründet. Im Jahr 2004 verkaufte die Eigentümerin der GAGFAH, die Bundesversicherungsanstalt für Angestellte, deren Bestände, über 80.000 Wohnungen in ganz Deutschland, an das US-amerikanische Investmentunternehmen Fortress. Nach Börsengang der GAGFAH und zahlreichen Weiterverkäufen gehören ihre Bestände nun zu Deutschlands größtem Vermieter Vonovia.

durch die Mitarbeiter_innen der GAGFAH taten ihr Übriges, um den Zorn der Mieter_innen zu wecken. Um gegen diese Missstände zu kämpfen, gründete sich 2009 die *AG Wohnen* aus dem ansässigen Verein *verikom*, einer Beratungsstelle für Migrant_innen, der lokalen Pastorin und Aktivist_innen des *Arbeitskreis Umstrukturierung Wilhelmsburg (AKU)*, in dem sich im Zuge der IBA Wilhelmsburg viele stadtpolitisch Interessierte zusammengeschlossen hatten. Die *AG Wohnen* berief ab 2011 Mieter_innentreffen ein, in Ermangelung eines geeigneten Raums vor den Häusern unter freiem Himmel. Mobilisiert wurde dafür auch über die lokalen Moscheen. An diesen Gesprächstischen nahmen hunderte Mieter_innen teil. Wütende Schilderungen der eigenen Lebensverhältnisse bestimmten die ersten Treffen. Versuche, die GAGFAH zu kontaktieren oder den juristischen Weg zu beschreiten, waren erfolglos geblieben. Diese Koalition aus betroffenen Mieter_innen, Menschen mit lokalem Wissen und Aktivist_innen mit Sachkenntnis und Organisationserfahrung sorgte dafür, dass aus einem sonst selten repräsentierten Kampf ein von den Medien und der Stadtregierung nicht mehr zu ignorierender Konflikt wurde. Dem von der IBA produzierten und verbreiteten Bild von Wilhelmsburg als «Problemquartier» wurde ein Bild entgegengesetzt, das betont, dass Mieter_innen dort gerne leben und dafür sogar bereit sind zu kämpfen. Besonders Türk_innen engagierten sich in der Initiative in dem durchmischten Viertel. Die Treffen mit den Mieter_innen fanden auf Deutsch und auf Türkisch statt, man verabredete sich zu ihnen per Telefonkette, nicht per Email. Und der informelle Austausch in sozialen Orten wie Cafés nahm eine wichtige Rolle in der Herstellung des Gruppengefühls und der Handlungsfähigkeit ein.

Da die eingeladenen Vertreter_innen der GAGFAH auf einer Veranstaltung die Problembeschreibung der Mieter_innen nicht ernst nahmen und ihr Verwertungsmodell mit betriebswirtschaftlichen Argumenten als alternativlos darstellten, entschied sich die Gruppe zu einer konfrontativeren Strategie. Mit einem Bus besuchte man die Zentrale der GAGFAH in Wandsbek. Die Aktion wurde medial stark begleitet. Angespornt von der gemeinsamen Aktion, organisierten die Mieter_innen Mietminderungen, Mängelanzeigen, Presseberichte, weitere Versammlungen und eine Demo durch ihr Viertel. Die *AG Wohnen* erstellte eine Studie über die Mängel in den Häusern und Wohnungen und dokumentierte auch, wie sich die Mieter_innen bisher dagegen zur Wehr gesetzt hatten. Mit dem Mediendruck und dem direkten Druck auf die GAGFAH konnten zunächst aber keine Verbesserungen der Umstände erreicht werden. Deshalb übte man nun Druck auf die politischen Institutionen aus, die sich bisher mit dem Argument der Nichtzuständigkeit zurückgehalten hatten. Eine zweite Busfahrt führte direkt zur Behörde für Stadtentwicklung und Umwelt, Vertreter_innen der Behörde und von Parteien wurden zu einer Podiumsdiskussion geladen. Dort waren sie gezwungen, sich die Klagen und die Wut der Mieter_innen anzuhören, bevor sie selbst das Wort ergreifen durften. Diese direkte Erfahrung der Betroffenheit hat auch in anderen Städten eine große Rolle bei der Anerkennung der Wohnungsfrage als politische Frage gespielt.

Auch wenn die Organisierung der Mieter_innen zum ersten Mal einen randstädtischen Protest marginalisierter Gruppen sichtbar machte, so konnten doch nur wenige Zugeständnisse von der GAGFAH erzwungen werden. Die GAGFAH ist mittlerweile von der Vonovia geschluckt worden. Der größte finanzialisierte Wohnungsmarktakteur Deutschlands verfolgt verschiedene Verwertungsstrategien in seinen Beständen. Ob das weiter zu katastrophalen Wohnverhältnissen oder zur Modernisierung und Verdrängung führt, bleibt im Wilhelmsburger Bahnhof- und Korallusviertel abzuwarten.

Eine ganz ähnliche Kollektivierung aus Betroffenheit spielte sich in Berlin ab. In der Otto-Suhr-Siedlung in Kreuzberg am Moritzplatz, erbaut in den 1950er- und 1960er-Jahren, stehen die Mieter_innen dem zweitgrößten deutschen Vermieter gegenüber: der *Deutsche Wohnen*[3]. Die Siedlung wurde zu Teilen in den 2000er-Jahren privatisiert und 2011 schließlich von der *Deutsche Wohnen* aufgekauft. Das Viertel ist eines der ärmsten in ganz Berlin, die Immobilien liegen aber in hervorragender Lage zwischen Kreuzberg und Berlin-Mitte. Deshalb wundert es nicht, dass der neue, finanzialisierte Eigentümer zu einer aggressiven Verwertungsstrategie überging und begann, die Jahre lang vernachlässigten Häuser energetisch zu modernisieren.

---

3 Die *Deutsche Wohnen* ist ein börsennotierter, finanzialisierter Wohnungsmarktakteur. In Berlin übernahm es 2013 das ehemals landeseigene Wohnunternehmen GSW und ist mittlerweile Berlins größter Vermieter.

Ziel ist eine Profitmaximierungsstrategie, mit der die *Deutsche Wohnen* gegenüber potenziellen Aktionären auch offen wirbt. Dass das Unternehmen dabei nicht auf Kostenersparnis aus ist, zeigt der Vergleich mit den deutlich günstigeren Modernisierungskosten für die Häuser in der Siedlung, die sich noch in Hand der städtischen *Wohnungsbaugesellschaft Mitte* befinden. Die Umlage der Modernisierungskosten erlaubt der *Deutsche Wohnen* saftige Mieterhöhungen und in der Folge einen Austausch der Bevölkerung.

Als die Mieterhöhungsbescheide Ende 2016 bei den Mieter_innen eintrudeln, schloss sich schnell das *Bündnis Otto-Suhr-Siedlung & Umgebung* zusammen. Unterstützt wurde es von Anfang an von Aktiven der *Stadt AG der Interventionistischen Linken Berlin*. Wissen über Organisierung, Mieter_innenversammlung, energetische Modernisierung und Pressearbeit wurde von der benachbarten Initiativen *Kotti & Co*, dem *Pankower Mieterprotest,* von Gewerkschafter_innen und anderen Expert_innen organisiert. Kontaktversuche mit dem Vermieter schlugen fehl. Die Mieter_innen machten mit vielen Aktionen, vom Glühweintrinken bis zum Laternenumzug, ihre Nachbarschaft sowie die Medien und Politiker_innen auf ihre Lage aufmerksam. Als der Konzernchef Michael Zahn in den Stadtentwicklungsausschuss des Abgeordnetenhauses eingeladen wurde, erschien er nicht. Eine direkte Verhandlung mit der *Deutschen Wohnen* schien aussichtslos. In einem offenen Brief, in einem demokratischen Prozess von den Mieter_innen verfasst, wurden Forderungen formuliert, denen mit einer Kundgebung vor dem Bezirksamt Friedrichshain-Kreuzberg Nachdruck verliehen wurde. Die Initiative forderte Räumlichkeiten für ihre regelmäßigen Treffen und kann jetzt in den Räumen einer ehemaligen Bibliothe tagen. Sie forderte außerdem die Einführung eines Milieuschutzes und die Rekommunalisierung der Bestände. Im Bezirk hat seit 2017 der neue Baustadtrat Florian Schmidt ein offenes Ohr für Mieter_innenproteste. So konnte zunächst erreicht werden, dass die Baugenehmigung für den zweiten und dritten Bauabschnitt verzögert wird. Es laufen weitere Verhandlungen zwischen Bezirk und *Deutsche Wohnen*, um die Mietsteigerungen im Rahmen der Modernisierung möglichst gering zu halten.

Die Mieter_innen blieben in ihrem Kollektivierungsprozess aber nicht in der Siedlung gefangen. Mit 110.000 Wohneinheiten macht die *Deutsche Wohnen* Mieter_innen in ganz Berlin das Leben schwer. In zahlreichen anderen Siedlungen und Häusern sind folglich in der Zwischenzeit Initiativen entstanden. Auch *Kotti & Co*, eine Mieter_innen-Initiative am Kottbusser Tor, gehört nach dem mehrfachen Verkauf ihrer Häuser zu ihnen. Diese Initiativen schlossen sich zusammen – zunächst sporadisch – um zum Beispiel eine Demo vor der Berliner Handelskammer, in der die Aktionärsversammlung der *Deutsche Wohnen* stattfand, abzuhalten. Seit Ende 2017 besteht mit dem *Bündnis der Deutsche Wohnen MieterInnen* in Berlin eine feste Bündnisstruktur. Darin geht es zunächst darum, Wissen um Organisierung, Mobilisierung und Strategien auszutauschen. Dafür werden gegenseitige Workshops angeboten. Eine Kundgebung vor der Berliner *Deutsche-Wohnen*-Zentrale in Schmargendorf im Juni 2017 dürfte mit dazu beigetragen haben, dass der Konzern inzwischen einen großen Zaun um seine Zentrale gezogene hat. Obwohl die Kundgebung mit etwa zweihundert Mieter_innen der *Deutschen Wohnen* aus allen Berliner Bezirken sowie Vertreter_innen von Mietervereinen völlig friedlich ablief. Außerdem ist eine Kampagne zur *Deutsche Wohnen* geplant, die auch einen Volksentscheid zur Enteignung und (Re-) Kommunalisierung der Bestände vorsieht. Aus der eigenen Betroffenheit heraus ist hier die Abstraktion auf eine stadtweite Vernetzung gelungen. Die neuen Großvermieter bieten somit auch eine Chance, grundsätzliche und strukturelle Fragen am Beispiel konkreter Betroffenheit zu stellen.

Ein weiteres Beispiel für einen Protest aus der unmittelbaren Betroffenheit heraus und mit interessanten Allianzen zwischen Bewohner_innen und Unterstützer_innen ist die *Initiative ESSO-Häuser* aus Hamburg. Die ESSO-Häuser in St. Pauli, benannt nach der sich dort befindenden Tankstelle, wurden 2010 an die *Bayrische Hausbau* für knapp zwanzig Millionen Euro verkauft. Der vorherige Besitzer, ebenfalls privat, hatte die Häuser aus den 1950er- und 1960er-Jahren über Jahre nicht ausreichend in Stand gehalten, worunter die Wohn- und Gewerbemieter_innen litten. Den Abrissplänen des neuen Investors kam dies allerdings entgegen. Als diese Pläne bekannt wurden, formierte sich Ende 2010 die *Initiative ESSO-Häuser* aus den Gewerbetreibenden und Mieter_innen. Unterstützung erhielt sie von Stadtteilaktiven aus St. Pauli, einem Kiez mit langer Tradition in politischer und stadtteilbezogener Organisierung. Wichtig für die Betroffenen war außerdem, dass ein weiterer Partner ihre Kämpfe unterstützte: der Verein *Gemeinwesenarbeit St. Pauli (GWA)*. Im Jahr 1975 aus der Zusammenarbeit von Studierenden mit Wohnungslosen gegründet, vertritt die GWA einen Ansatz der sozialen Arbeit, der die konkreten Lebensbedingungen in einem Stadtteil mit gesellschaftlichen Rahmenbedingungen verknüpft, durch den «die Bewohner_innen sich im lokalen Zusammenhang kollektiv für ihre Interessen einsetzen, Verbesserungen erwirken und ihr Wohnumfeld mitgestalten» (Jörg/Schuster 2014: 155) und der parteiisch auf der Seite der Benachteiligten steht. Aus ihrer Arbeit im Stadtteil wissen die Angestellten von GWA, dass viele Bewohner_innen große Angst vor Verdrängung haben, sich aber gleichzeitig ohnmächtig fühlen, dagegen etwas zu tun. Im Rahmen der *Initiative ESSO-Häuser* wird diese gefühlte wie tatsächliche Ohnmacht durchbrochen. Der Abriss konnte zwar letztlich nach vier-Jahren Kampf nicht verhindert werden. Den Wohnmieter_innen sind aber Umsatzwohnungen bei der städtischen Wohnungsbaugesellschaft SAGA zugesprochen worden. Und viele Mieter_innen und Nachbar_innen «sind einfach mal krass selbstbewusst geworden» (Jörg/Schuster 2014: 158). In ihrem Protest gegen den Abriss haben sie ermächtigende Erfahrungen gemacht, ihnen wurde zugehört und sie haben Unterstützung erfahren von Leuten, mit denen sie vorher keinen Kontakt hatten. Diese Demokratisierung im Stadtteil wurde auch durch das GWA-Projekt «St. Pauli selber machen!» befeuert und die Energie des Mieter_innenkampfes und die Politisierung der Wohnungspolitik wurde in der *Plan-Bude* fortgesetzt, die auf dem Gelände der ESSO-Häuser einen Planungsprozess von unten und einen hohen Anteil bezahlbarer Wohnungen durchsetzen will (→ Kap. 9).

Auch in Bochum hat sich eine interessante Allianz rund um die Wohnungsfrage gebildet: Das Bündnis *Stadt für Alle Bochum* wurde 2016 von einem Kreis Aktiver, der Gruppe *Glitzer und Krawall*, dem *Mieterverein Bochum*, den Unterstützer_innen des Gruppe *SquatBo* und der Ratsfraktion der Partei *DIE LINKE* gegründet. Es handelt sich hier also um ein relativ heterogenes Netzwerk, anders als in anderen Städten, wo oft eine größere Ferne zu Parteien gepflegt wird und wo es eine stärkere Aufspaltung bzw. wenig Kontakt zwischen «Freiraumverteidigern» aus besetzten Häusern und Wagenplätzen und Mieter_inneninitiativen gibt. Dieser Heterogenität folgend, beschreibt *Stadt für Alle Bochum* ihre politische Strategie als «Mix aus Realpolitik und konkrete[r] Utopie» (Stadt für Alle Bochum 2018). Sie fordert bezahlbaren Wohnraum, Wohnungen statt Sammelunterkünfte für Geflüchtete und weist insbesondere auf den Widerspruch zwischen Leerstand, den es hier anders als in den überlaufenen Metropolen noch massenhaft gibt, und dem Mangel an bezahlbarem Wohnraum hin. Mit ihren Aktionen verfolgt *Stadt für Alle Bochum* eine doppelte Strategie: Realpolitisch dringt sie auf die Einführung einer Zweckentfremdungssatzung, die Leerstand von Wohnungen sanktionierbar macht und so in das Eigentumsrecht von privaten Vermieter_innen eingreifen würde. Um diese durchzusetzen, organisierte sie Demos, beteiligte sich unaufgefordert an der Entwicklung des «Handlungskonzepts Wohnen Bochum» der Stadt und organisierte eigene Diskussionsveranstaltungen, auf denen eine Hausbesetzerin aus Göttingen mit einem Geschäftsführer der städtischen Wohnungsbaugesellschaft diskutierte und darin übereinstimmte, dass mit dem Thema Leerstand auch anders umgegangen werden kann. Parallel unterstützte sie eine Hausbesetzung durch die Gruppe *SquatBo*, die über einen Monat dauerte. Da *Stadt für Alle Bochum* eine der ersten mietenpolitischen Initiativen in Bochum ist, erhält sie eine hohe mediale Aufmerksamkeit. Sie kann hier von der Vorarbeit von Initiativen in anderen Städten profitieren, die das Thema bereits in der Presse verankert haben. Dem Netzwerk gelang es mit seinem undogmatischen Strategienmix die Ausarbeitung einer Zweckentfremdungssatzung durch die Verwaltung und eine Abstimmung über diese zu erzwingen. In der entscheidenden Ratssitzung stimmte die regierende SPD zusammen mit der oppositionellen CDU gegen deren Einführung. Grüne und Linke stimmten dafür. Bisher ist es *Stadt für Alle Bochum* zwar nicht gelungen ihre konkrete Forderung umzusetzen. Die Wohnungsfrage hat sie aber repolitisiert und sich als Akteur etabliert, der bei wohnungspolitischen Fragen gehört wird.

Das *Bündnis Zwangsräumung verhindern* in Berlin geht wie die oben beschriebenen Initiativen von einem konkreten Problem des Wohnungsmarktes und der konkreten Betroffenheit aus, ist dabei aber nicht auf ein Haus oder eine Siedlung beschränkt

(Nowak 2013). Im Jahr 2012 rund um den Zwangsräumungsfall von Nuriye Cengiz am Maybachufer in Kreuzberg gegründet, nimmt die Initiative sich die Organisierung der spanischen *Plataforma de Afectados por la Hipoteca (PAH)* zum Vorbild. Durch die Basisorganisierung soll nicht *für*, sondern *mit* den Betroffenen gekämpft werden. Stadtpolitische Aktivist_innen und Zwangsräumungsbedrohte Nachbar_innen organisieren sich gemeinsam. Der bekannteste Fall des Bündnisses *Zwangsräumung verhindern* ist wohl die Räumung der Familie Gülbol aus ihrer Wohnung in der Lausitzer Str. 8 in Kreuzberg. Der erste Räumungstermin Ende 2012, bei dem eine Gerichtsvollzieherin den Räumungsbescheid zustellen sollte, konnte durch eine Sitzblockade einiger weniger vor dem Haus verhindert werden. Zum nächsten Termin im Februar 2013 mobilisierte die Initiative breit und auch die Polizei war mit achthundert Polizist_innen mit Pfefferspray und Schlagstöcken und einem Hubschrauber im Einsatz. Bei eisiger Kälte versammelten sich ab vier Uhr morgens etwa fünfhundert Mieter_innen und Nachbar_innen vor dem Haus der Familie. Die Gerichtsvollzieherin wurde über einen Hinterhof und über eine Mauer in die Wohnung geschleust, die Räumung damit rechtskräftig vollzogen. Die Familie musste zu Verwandten ziehen. Necmiye Gülbol beschreibt ihre Erfahrung als eine der Politisierung: «Es hat sich viel geändert während der politischen Organisierung zu unserer Räumung. Man kennt sich nun im Haus und in der Nachbarschaft. Ich rede mit den Nachbarn über Mietprobleme und auch andere persönliche Themen» (zitiert in: Türkmen 2015: 127). In den Medien schlägt der Familie Gülbol und dem Bündnis eine Welle der Sympathie entgegen. Die Legitimität der Aktionsform des zivilen Ungehorsams steigert sich noch, als die von *Zwangsräumung verhindern* unterstütze Rosemarie Fliess kurz nach ihrer Zwangsräumung im April 2013 in einer Wärmestube verstirbt. *Zwangsräumung verhindern* schaffen es mit ihrer Organisierungsarbeit, Betroffene in einer äußerst prekären Lage in politische Kämpfe zumindest temporär zu integrieren.

Diesem Anspruch der Basisorganisierung im Stadtteil haben sich auch eine ganze Reihe explizit linker Gruppen verschrieben: In Frankfurt bietet die Initiative *Solidarisches Gallus* seit 2016 mit einem Stadtteilcafé offene Treffen an, bei denen gemeinsam nach Strategien in alltäglichen Konflikten mit Vermietern, Jobcenter oder Behörden gesucht wird. Mit dem gleichen Ziel hat sich in Hamburg *Wilhelmsburg Solidarisch* von der *Interventionistischen Linken* abgespalten (dazu: Zweiter Mai 2016). In Berlin ist die Erwerbsloseninitiative *Basta!* schon länger im Wedding aktiv (Basta Erwerbsloseninitative Berlin Wedding 2016), seit 2017 kann man in der *Solidarischen Aktion Neukölln* auf Unterstützung und Austausch zurückgreifen. In Kassel gründete sich im Jahr 2014 der *Stadtteilladen Rothe Ecke* im ehemaligen Arbeiter_innenstadtteil Rothenditmold. Die vier Gründer_innen wollten «raus aus dem linken Milieu und rein in die Nachbarschaft» und dort einen Raum schaffen, «der es Menschen erleichtert, sich gemeinsam mit anderen bei Konfrontationen mit Jobcenter, Vermieter_in, Vorgesetzen oder der Stadt zu organisieren und Infrastruktur und Wissen zur Verfügung stellt, um kollektive Interessen erfolgreich durchzusetzen» (Rothe Ecke Kassel 2016): 127). Wie die Initiativen in den anderen Städten verfolgen sie dabei den Ansatz des Transformativen Community Organizing.

Exkurs:
Transformatives Community Organizing

Die Ideen und Strategien der Basisorganisierung oder Community Organizing erfreut sich zunehmender Beliebtheit unter linken Gruppen in Deutschland. Diese Entwicklung ist der Einsicht geschuldet, dass es kaum noch gelingt, Menschen jenseits subkultureller Milieus oder akademischer Kreise in politische Arbeit einzubinden. In den USA dient das Community Organizing schon lange der Selbstorganisierung von Arbeiter_innen oder Nachbar_innen. Die dortigen Debatten hat Robert Maruschke für den deutschen Kontext aufgearbeitet (Maruschke 2014). In seinem Buch «Community Organizing. Zwischen Revolution und Herrschaftssicherung» unterscheidet er zwischen liberalem Organizing und transformativem Organizing. Dem liberalen Organizing ist es zwar zu verdanken, dass öffentlichkeitswirksame und konfrontative politische Kampagnen in die politische Landschaft der USA Einzug gehalten haben. Es fehlt dem liberalen

Organizing aber an einer strukturellen Gesellschaftskritik. Das Organizing verliert sich nur allzu oft in einer kleinteiligen Projektarbeit und die durch das Organizing erreichte Beteiligung dient letztlich der Legitimation neoliberaler Politiken, weil ein klarer Klassenstandpunkt fehlt. Als Beispiel für diese Art des Organizing in Deutschland nennt Maruschke die Bürgerplattform im Berliner Stadtteil Wedding. In ihr versammeln sich hauptsächlich Angehörige der Mittelschicht und setzen ihre Interessen durch – zum Beispiel die Vertreibung von Obdachlosen von einem zentralen Stadtplatz. Das transformative Organizing behauptet dagegen nicht, alle beteiligen zu wollen, sondern bezieht eindeutig die Position der Menschen, die ökonomisch am schwächsten sind oder auf andere Weise von der Gesellschaft ausgeschlossen werden. Damit geht die Analyse der gesellschaftlichen Herrschaftsverhältnisse und die Opposition zu ihnen einher. Die Basisorganisierung wird als explizit politisches Projekt verstanden. Im transformativen Organizing geht es nicht nur darum, einzelne Forderungen zu stellen oder durchzusetzen, sondern auch die Subjektivität derjenigen zu verändern, die sich organisieren.

Das kann nur gelingen, wenn man auch die Formen und Methoden der eigenen Organisierung anpasst und sich von langwierigen, ziellosen Diskussionplena verabschiedet. So ist es zum Beispiel zentral, in der Basisorganisierung soziale Beziehungen aufzubauen: «So banal es klingen mag, ohne Respekt vor anderen Lebenssituationen, ohne Geduld, ohne Offenheit und Interesse für kulturelle Unterschiede, ohne die Menschen in ihrer Widersprüchlichkeit zu mögen, gelingt keine Basisorganisierung. […] Sind wir bereit, voneinander auch Persönliches zu lernen, bewusst dafür zu sorgen, dass ein Treffen kein kaltes Abklopfen der Tagesordnungspunkte von Multi-Aktivist_innen, sondern ein Ort ist, an dem auch Menschen ohne linken Polit-Habitus gerne zusammen kommen?» (Kratzsch/Maruschke 2016: 106). Als Organizer_in ist es unerlässlich, in der Nachbarschaft aktiv Menschen aufzusuchen, an ihre Türen zu klopfen und sie nicht nur per

Flyer einzuladen. In ersten Kontaktgesprächen sollten vor allem die Angesprochenen reden, nicht man selbst. Gruppen sollten so organisiert sein, dass dort unterschiedliche Menschen unterschiedliche Kompetenzen mit verschiedenen Zeitressourcen einbringen können. Organisierung muss an den konkreten Interessen der Menschen ansetzen. Eine abstrakte Kampagne gegen den Kapitalismus oder Gentrifizierung im Allgemeinen hilft der zwangsräumungsbedrohten Familie wenig. Trotzdem ist es das Ziel des Organizing,den sich Organisierenden durch politische Bildung zu einem strukturellen Blick auf ihre Lage zu verhelfen, ihnen die Last der eingebläuten eigenen Schuld zu nehmen und ihre konkrete Betroffenheit letztlich zu abstrahieren und mit anderen Kämpfen und gesellschaftlichen Fragestellungen zu verbinden. Handbücher zum Organizing gibt es mittlerweile auch auf Deutsch (Mann 2017, Bradbury/Brenner/Slaughter 2017).

Die *Rothe Ecke* in Kassel wurde schnell zum Treffpunkt für viele Betriebsgruppen, zum Veranstaltungsort und zum Ort, an dem man seine Nachbar_innen kennenlernen kann. Mitte 2015 bot sich die Gelegenheit für eine erste eigene Kampagne. Die Stadt sah Kürzungen im öffentlichen Nahverkehr vor und wollte ganze Buslinien, eine davon in Rothenditmold, streichen. Es gelang der *Rothen Ecke* diese Streichung zu verhindern, indem sie zunächst über Unterschriftenlisten mit zahlreichen Nachbar_innen in den Bussen und an den Haltstellen ins Gespräch kamen. In diesen Gesprächen ging es nicht nur um die Empörung über die Streichung der Buslinie, auf die gerade ärmere Haushalte angewiesen sind, sondern schnell auch um allgemeinere politische Themen. Die Abstraktion gelang der *Rothen Ecke*, indem sie die unmittelbaren Interessen der Stadtteilbewohner_innen mit generellen Forderungen nach günstigeren Tickets und besseren Arbeitsbedingungen für die Beschäftigten der Verkehrsbetriebe verknüpfte und sich auch mit anderen Gruppen organisierte. In einer gemeinsamen Demo, hauptsächlich von politischen Neulingen organisiert, konnte dieser Breite Ausdruck verliehen werden. Die oft gesellschaftlich und ökonomisch ausgegrenzten Bewohner_innen von Rothenditmold konnten so die Erfahrung machen, dass ein kollektiver Widerstand erfolgreich sein kann.

In Hamburg gelang mit dem *Recht auf Stadt*-Netzwerk eine stadtweite Vernetzung vieler verschiedener Initiativen und Themen, wie steigende Mieten, Aufwertung von Stadtteilen, städtebauliche Großprojekte, verschwindende Freiräume und fehlende bezahlbare Räume für Künstler_innen und Kulturschaffende (Füllner/Templin 2011). Hamburg kann auf eine lange Tradition stadtteilbezogener politischer Kämpfe, wie zum Beispiel in der Hafenstraße und die Besetzung der *Roten Flora* Ende 1980er-Jahren, zurückblicken. Ab Mitte der 2000er-Jahre kündigte sich eine neue Welle des Protests an: So gründete sich zum Beispiel 2008 das Aktionsnetzwerk *Es regnet Kaviar* gegen Gentrifizierung in St. Pauli, ein *Centro Sociale* wurde im Schanzenviertel eröffnet, die Initiative *No Bernhardt-Nocht-Quartier (NoBNQ)* protestierte gegen die Umwandlung von Miet- in Eigentumswohnungen in der Bernhardt-Nocht-Straße in St. Pauli, in Altona formierte sich Widerstand gegen den Abriss des Frappant-Gebäudes und den Neubau einer Ikea-Filiale. Die bereits erwähnte GWA produzierte den Dokumentarfilm «Empire St. Pauli», der die Erfahrungen der Menschen im Stadtteil und ihre Angst vor Verdrängung verarbeitet. Im Sommer 2009 fand eine erste größere Demo und ein Workshop statt, der sich theoretisch mit dem «Recht auf Stadt» (Lefebvre 2016 (1968)) beschäftigt. Das Gängeviertel wurde durch Künstler_innen und stadtpolitische Aktivist_innen besetzt. In dieser aufgeheizten Stimmung lud eine kleine Vorbereitungsgruppe im September 2009 zum ersten Mal zu einem Vernetzungstreffen unter dem Titel «Recht auf Stadt» ein. Über 120 Menschen aus 16 Initiativen folgten der Einladung und gründeten das Netzwerk. Von nun an traf man sich monatlich, Vertreter_innen von um die 20 Initiativen nahmen regelmäßig teil. Ein gemeinsames Selbstverständnis wurde nie ausgearbeitet, strategische Positionen blieben nebeneinander bestehen – man war sich zum Beispiel uneinig darüber, ob man überhaupt mit Politiker_innen sprechen sollte oder nicht. Die Mitarbeit von Parteien und ihren Vertreter_innen wurde im Netzwerk allerdings ausgeschlossen. Auch wurden keine festen Vertretungs- und Specher_innenpositionen etabliert. Der Austausch über Strategien und Narrative und die gegenseitige Unterstützung bei Aktionen stehen im Vordergrund. Diese relativ offene Art der Organisierung ermöglicht die Vielfalt des Netzwerkes. In ihm sind ganz verschiedene Arten von Initiativen versammelt – von klassischen Mieter_inneninitiativen, über projektorientierte Initiativen, organisierte Kulturschaffende, linksradikale Gruppen und autonome Gruppen bis zu Schrebergartenverteidigern. Der Slogan «Recht auf Stadt» bildet – ohne theoretische Ausarbeitung – einen gemeinsamen Bezugspunkt für durchaus unterschiedliche Praktiken.

Das Netzwerk organisierte Fahrradtouren, Kundgebungen und mehrere große Demonstrationen mit mehreren Tausend Teilnehmer_innen. Unter dem Motto «Fette Mieten» verwandeln Aktivist_innen Wohnungsbesichtigungen in Party-Aktionen. Der Leerstand von Büroräumen wurde ebenso skandalisiert. Den Protesten wurde viel mediale Aufmerksamkeit geschenkt, nicht zuletzt, weil einige Erfolge gefeiert werden konnten. Das räumungsbedrohte *Centro Social* blieb erhalten, das besetzte Gängeviertel wurde durch die Stadt vom Investor zurückgekauft, NoBNQ konnte immerhin durchsetzen, dass der Investor für zehn Jahre auf Mieterhöhungen verzichtet. Dem Netzwerk *Recht auf Stadt* ist es gelungen, als stadtpolitischer Akteur aufzutreten und anerkannt zu werden. Neben Gentrifizierung, steigenden Mieten und Freiräumen spielt das Thema lokale Demokratie und gesellschaftliche Teilhabe eine wichtige Rolle im Netzwerk. In den zahlreichen Gruppen und der Hamburger Bewegung ist es – wie in anderen Städten – gelungen, nicht nur Protest *gegen* etwas zu organisieren und Forderungen aufzustellen. Es tritt auch *für* etwas ein: «Sie konstituieren neue Räume und beleben alte mit neuen Inhalten, versuchen die Bedürfnisse der lokalen Bevölkerung mit ‹Wunschproduktionen› zum Sprechen zu bringen und entwickeln eigene Konzepte zur Nutzung städtischer Immobilien.» (Füllner/Templin 2011: 103) Die konkreten Utopien der Hamburger und anderer Bewegungen werden im Kapitel 9 und 10 noch näher beschrieben.

Die meist sehr lokalen Konflikte dauerhaft miteinander zu vernetzen, fällt auch in Hamburg schwer. Viele Protestgruppen bestehen nur für einen kurzen Zeitraum. Fehlende Ressourcen, fehlende Narrative und stabile Strukturen führen zu fehlender Kontinuität und beschränkter politischer Abstraktion der Bewegung.

Jenseits der städtischen Vernetzungsversuche findet ein jährliches bundesweites *Recht auf Stadt-Forum*, koordiniert im Rahmen des *Bundeskongress Internationalismus (buko)*, statt. Auch hier wird eher der Austausch von Strategien und Aktionsformen gepflegt und bundesweite Vernetzungsversuche bleiben spärlich. Anlässlich der Bundestagswahlen kam es 2013 unter dem Motto «Keine Profite mit der Miete» in elf Städten und 2017 unter dem Motto «Mietenwahnsinn stoppen» in sieben Städten zu koordinierten Aktionstagen. Auch auf Bundesebene gilt: Vernetzung gelingt dann, wenn sie mit einem konkreten Ziel oder einem gemeinsamen Gegner – wie im Fall der Vernetzung von Mieter_innen von bundesweit aktiven finanzialisierten Wohnungsmarktakteuren – verbunden wird.

5. Re(a)gieren durch Gemeinschaft. Das «Wir» gewinnt

Wie diese Beschreibungen unterschiedlicher Initiativen bereits gezeigt haben, treten Mieter_innen oft mit einem starken nachbarschaftlichen «Wir» auf. Im Folgenden wird diese strategische Kollektivierung anhand von zwei Beispiel aus Berlin – *Kotti & Co* und *Bizim Kiez* – beleuchtet. Das Reagieren als gemeinschaftliches «Wir» wird als Reaktion auf die neoliberale Regierungstechnik *Regieren durch Gemeinschaft* beschrieben und erklärt, warum die Mieter_innenproteste trotz ihres starken lokalen Bezugs keine abgrenzende lokale Identität aufbauen.

Kotti & Co schloßen sich als Mieter_innengemeinschaft 2011 am südlichen Kottbusser Tor in Berlin Kreuzberg zusammen. Die Sozialwohnungen rund um die Admiralstraße waren in den 1970er-Jahren durch die städtische Wohnungsbaugesellschaft GSW entstanden. Nach deren Privatisierung 2004 und mehrfachem Weiterverkauf befinden sie sich mittlerweile überwiegend in der Hand der *Deutsche Wohnen*. Durch die Förderlogik des sozialen Wohnungsbaus und den politischen Entschluss Berlins, aus der Förderung auszusteigen, flatterten den Mieter_innen um 2010 saftige Mieterhöhungen ins Haus. Für die überdurchschnittlich armen Haushalte am südlichen Kottbusser Tor waren diese Mietsteigerungen nicht tragbar. Und so begannen die Mieter_innen sich zu organisieren, zunächst in

Gesprächen im Hausflur und Treffen im Hinterhof oder im nahen Café Südblock. Im Frühjahr 2012 besetzten sie schließlich ihren eigenen Vorplatz mit einer Protesthütte, dem Gecekondu (Türk.: über Nacht erbaut). Viele der Mieter_innen haben türkische Wurzeln und sind als sogenannte Gastarbeiter_innen nach West-Berlin gekommen bzw. stammen von diesen ab. Durch ihre zahlreichen Lärmdemonstrationen, die fachliche Expertise zum sozialen Wohnungsbau, ihre klugen Strategien politische Entscheidungsträger unter Druck zu setzen und eine hohe mediale Aufmerksamkeit ist *Kotti & Co* bis heute als eine der umtriebigsten Initiativen in Berlin etabliert.

Bizim Kiez ist eine der Initiativen, die sich in Berlin rund um das Thema Verdrängung von Kleingewerbe gegründet haben. Im stark touristifizierten Wrangelkiez zwischen Görlitzer Bahnhof und Schlesischem Tor in Kreuzberg und in der Nähe einer Nachtclubmeile in Friedrichshain passt sich die Wohn- und Gewerbestruktur schon lange den Bedürfnissen der Tourist_innen und temporären Kieznutzer_innen an. Das Fass zum Überlaufen brachte die Kündigung des eigentümergeführten Gemüseladens Bizim Bakkal (Türk.: Unser kleiner Laden) im Frühsommer 2015. Das Haus, in dem sich der Laden befand, wurde verkauft, die neuen Eigentümer wollten die Gewerbefläche in Luxuswohnungen umwandeln. Da bereits vorher viele Einrichtungen der Nahversorgung aus der Nachbarschaft verschwunden sind, gründete sich aus diesem Anlass die Initiative *Bizim Kiez* (Türk.-Dt.: Unsere Nachbarschaft). Zu ihren wöchentlichen Versammlungen im Sommer 2015 bevölkerten Hunderte Nachbar_innen die Wrangelstraße. Andere Gewerbetreibende und viele Nachbar_innen bekundeten mit Transparenten und Schildern in ihren Fenstern ihre Solidarität. Es gelang zwar, die Kündigung zu verhindern, der erschöpfte Ladenbesitzer musste aber aufgrund seines gesundheitlichen Zustandes kurz darauf aufgeben. Seitdem widmet sich die weiterhin sehr aktive Gruppe anderen Fällen von Verdrängung von Gewerbe- und Wohnmieter_innen und konnte in einigen Fällen schon Verhandlungserfolge verzeichnen.

Kotti & Co und *Bizim Kiez* betonen in ihren Narrativen ein stadtteilbezogenes «Wir», das sie gegen die Verwertungsansprüche von außen in Stellung bringen. «Wir sind Kreuzberg», heißt es. Dieses Kreuzberg ist erst durch die selbst geschaffenen sozialen

Beziehungen und Infrastrukturen zu etwas geworden, was es zu verteidigen gilt. So sagt *Kotti & Co*: «Wir haben jedoch Kreuzberg zu unserem Zuhause gemacht. Und haben alle neu Zugezogenen, wie die Hausbesetzer_innen und die alternative Szene in den 1980ern, das grüne Bürgertum der neuen Mitte in den 90ern und die Künstlerinnen und Studenten der letzten Jahre integriert. Wir sind stolz auf diese Mischung, denn wir haben Kreuzberg erst attraktiv gemacht» (Kotti & Co 2012b). Genauso verweist *Bizim Kiez* darauf, dass sie, die Nachbar_innen, es waren, die die Urbanität erst geschaffen haben, die nun durch Gentrifizierungsprozesse verwertet werden solle: «‹*Bizim Kiez*› [...] ist eine Nachbarschaftsinitiative, die verhindern möchte, dass Berlins gewachsene Kieze mit ihrer unterschiedlichen und immer einzigartigen Mischung weiter von der spekulativen Immobilienwirtschaft ausverkauft werden. Der über Jahrzehnte entstandene Mehrwert darf nicht in den Taschen derer landen, die jetzt abkassieren wollen, indem sie Menschen verdrängen, sondern dieser Wert muss sich in Form von Lebensqualität und Menschlichkeit für diejenigen auszahlen, die hier wohnen und sich füreinander einsetzen.» (Bizim Kiez o.J.)

Wie lässt sich diese Erzählung erklären? Sie ist als eine Reaktion auf die neoliberale Ansprache des *Regierens durch Gemeinschaft* zu verstehen. Wie oben beschrieben, ist es ein Merkmal der neoliberalen Stadt, dass sie Regierungsebenen und -verantwortlichkeiten verschiebt und der lokalen Ebene dabei eine neue Rolle zukommt. John Clark beschreibt diese Reskalierungsprozesse als «verstreute[n] Staat», in dem die neoliberale Governance «in neue dezentralisierte, fragmentierte und pluralisierte Formen und Orte eingebunden» wird (Clark 2007: 67). Die Nachbarschaft ist zu einem eigenständigen sozialen Raum, die nachbarschaftliche Gemeinschaft zur Ebene der Regierung geworden. Für diese neoliberale Regierungstechnik hat Nikolas Rose den Begriff des «Regierens durch Gemeinschaft» geprägt (Rose 2000). Der Begriff Gemeinschaft kann dabei sowohl eine räumlich definierte meinen als auch eine identitär definierte, wie etwa eine ethnische oder sexuelle. Gemeinschaft werde, so Clark, «als bevorzugter *Ort* der Governance, bevorzugter *Modus* der Governance und als – intendierter – *Effekt* der Governance» etabliert (Clark 2007: 62, HLV). Anders als in der romantischen Vorstellung von Gemeinschaft wird die Gemeinschaft als Regierungstechnik als etwas gesehen, was erst durch die

Regierung hergestellt wird. Der Sinn dahinter ist, dass Gemeinschaften als homogen und widerspruchsfrei gedacht werden und somit überhaupt erst regierbar werden (Künkel 2014). Es wird so getan, als hätten die Mitglieder einer konstruierten Gemeinschaft alle die gleichen Interessen und die gleiche Identität. Im städtischen Kontext werden diese Interessen zusätzlich auf die lokale Ebene beschränkt: Bewohner_innen eines Stadtteils haben sich also bitteschön nur für Dinge zu interessieren, die sich auf dieser lokalen Ebene abspielen und entscheiden lassen. Die Behandlung struktureller, gesellschaftlicher Probleme soll so verhindert werden.

In Deutschland ist dieses Regieren über Gemeinschaft bzw. über Nachbarschaft Ende der 1990er durch das Bund-Länder-Programm «Soziale Stadt» eingeführt worden. In «benachteiligten Quartieren» wurden damit unter anderem sogenannte Quartiersmanagements eingeführt.

Die Funktion von Diskursen über «benachteiligte» Quartiere, «soziale Brennpunkte» und «Ghettos» ist oben bereits beschrieben worden. Die negativen und lokalisierenden Zuschreibungen hängen zentral mit der Einführung des Regierens durch Nachbarschaft zusammen. Das Ziel des Programmes ist es nämlich nicht, Armut zu bekämpfen, sondern nur deren Folgen zu managen. In Nachbarschaften soll eine gewisse soziale Kohäsion hergestellt werden, sodass der Rückzug des Sozialstaates nicht von allzu großen Protesten begleitet wird; zivilgesellschaftliche Akteure und aktivierte Bürger_innen sollen auf lokaler Ebene die steigende Ungleichheit auffangen (Lanz 2000).

Diese Erschaffung von lokalen Gemeinschaften und das Regieren über Nachbarschaft sind der Kontext, in denen Mieter_innenproteste ihre Praktiken entwickeln. So wie sich die Politik lokalisiert hat, so hat sich auch der Protest lokalisiert. Der soziale Nahraum ist zum Raum der Identifikation und der Solidarität geworden.

Mieter_inneninitiativen reagieren auf das *Regieren durch Gemeinschaft* ihrerseits durch die Konstruktion von Gemeinschaft, wie die «Wir»-Beschreibungen von *Kotti & Co* und *Bizim Kiez* gezeigt haben. In den meisten Fällen bestand vor den Protesten keine ausgeprägte Haus- oder nachbarschaftliche Gemeinschaft. Durch die negative Beschreibung als «Problemquartier» wird erst eine positive Identifizierung hervorgerufen.

Kotti & Co und *Bizim Kiez* beschreiben ihre Nachbarschaften als funktionierende Gemeinschaften, entgegen aller Diskurse über Armut und Kriminalität. Sie gehen sogar noch einen Schritt weiter und nehmen für sich in Anspruch, dass sie es waren, die die Nachbarschaft erst attraktiv gemacht haben – attraktiv für neue Bewohner_innen und für die Verwertungsinteressen der Immobilienwirtschaft. In einer Umkehrung des offiziellen Diskurses über «benachteiligte Quartiere» leiten sie daraus ihr Recht ab, bleiben zu dürfen und nicht verdrängt zu werden.

Exkurs: Quartiersmanagement

Die Idee des Quartiersmanagements (QM) ist es, dass ein_e eingesetzte_r, privatwirtschaftlich strukturierter Quartiersmanager_in Projekte in einem Stadtteil realisiert, der lokale Akteure und Behörden vernetzt und die zivilgesellschaftliche Eigeninitiative stärkt, um so sozialräumlicher Polarisierung zu begegnen. Nicht zufällig fällt der Programmstart mit einer Hochphase eines politisch-medialen Diskurses über Einwanderungsquartiere als Ghettos zusammen.

Die sogenannten benachteiligten Quartiere werden als sozial dysfunktional konstruiert. Eine lokale Zivilgesellschaft gelte es erst von oben zu schaffen, Selbsthilfe solle stimuliert werden. Gleichzeitig soll das Sicherheitsgefühl in den «Problemkiezen» durch repressive Maßnahmen und (Selbst-)Kontrolle gestärkt werden. Stephan Lanz fasst die vielfältigen Kritiken am Quartiersmanagement zusammen (Lanz 2009): Da die temporären Quartiersmanager_innen stets auf das Wohlwollen ihrer behördlichen Auftraggeber angewiesen sind, achten sie darauf, dass ihre Projekte möglichst konfliktarm sind. Auch deshalb setzen sich hier wie in Beteiligungsverfahren meist die Interessen der Mittelschicht durch. Das Ziel des Quartiersmanagements wird von Kritiker_innen weniger in der Bekämpfung von Armut ausgemacht als in der Legitimation des immer stärkeren Rückzugs des Sozialstaats und des Abfederns der daraus resultierenden Konsequenzen. Die Konstruktion vom «Problemquartier» entwertet die vielen

Strategien, die ärmere und marginalisierte Haushalte bereits haben, mit ihrer prekären Situation umzugehen, und verlangt ihnen stattdessen ganz bestimmte, moralisch von der Mittelschicht vorgegebene Formen der Selbstorganisation und des «Empowerments» ab. Da QMs häufig mit dem expliziten Ziel gegründet werden, den Wegzug «stabilisierender» Bewohner_innen zu verhindern, werden besonders deren Interessen und nicht etwa die der eigentlich «Benachteiligten» berücksichtigt.

Eine pauschale Aussage über QMs zu treffen, ist schwer. Denn es ist dem Programm eingeschrieben, dass die einzelnen Managements sehr unterschiedlich ausgerichtet sind und oft auch stark von der Person der_s Quartiersmanagers_in abhängen. Bestehen bleibt die Kritik, Quartiersmanagement «fragmentiere Stadtentwicklungspolitik in eine kurzfristige Projektlandschaft und dethematisiere die Ursachen fortschreitender Verarmungsprozesse, die eine wettbewerbsorientierte Politik mitverantworte» (Lanz 2009: 220). QM wird als Lösung aller möglichen Probleme propagiert, die (vermeintlich) etwas mit dem Stadtteil zu tun haben. QMs leiten zur Selbsthilfe an, allerdings aus «paternalistischer Perspektive», die «ein gemeinschaftliches Füreinander zu konstituieren sucht, dies aber lediglich von Armen einfordert» (Lanz 2009: 223). Der Bezug zu Ghetto-Diskursen wird im QM deutlich, wenn damit Ansprüche verbunden werden, migrantische Bewohner_innen durch die Einbeziehung in die lokale Zivilgesellschaft vor einer vermeintlich drohenden Radikalisierung zu schützen. Nicht selten resultiert aus einem Quartiersmanagement die Aufwertung eines Stadtteils und damit ein Gentrifizierungsprozess. Armut kann auf der Stadtteilebene kaum strukturell reduziert werden.

Sie wenden sich auch gegen die Problemzuschreibung ethnischer Segregation. In einer Pressemitteilung vom 16. August 2012 erklärt *Kotti & Co*: «Die Menschen der ‹Gastarbeiter›-Generation haben Kreuzberg attraktiv und lebenswert gemacht. Jetzt reicht die niedrige Rente nicht mehr, um ihren Lebensabend im angestammten Umfeld zu genießen. Sie haben aus dem Kiez ihr Zuhause gemacht, jetzt schlagen die Eigentümer und das Land Berlin Kapital aus dem ‹kosmopolitischen Flair›» (Kotti & Co 2012d). In ihrer Selbstbeschreibung stellen sie fest: «Wir haben Kreuzberg erst attraktiv gemacht und jetzt sollen wir vertrieben werden?» (Kotti & Co 2012e). Mit ihrer Erzählung stellen sich *Kotti & Co* gegen die ökonomische Verwertung der von ihnen geschaffenen sozialen Beziehungen, der von ihnen geschaffenen Urbanität durch andere. Gemeinschaft steht für sie für den Gebrauchswert, nicht für den Tauschwert einer Nachbarschaft. Genauso geht *Bizim Kiez* vor, wenn sie auf einem Schild «Bizimness statt Business» fordern.

Einerseits ist die Konstruktion von Gemeinschaft also eine Regierungstechnik, andererseits ist sie ein Mittel des Widerstands. Die von den Mieter_inneninitiativen konstruierte Gemeinschaft unterscheidet sich aber grundlegend von der zur Regierung konstruierten. Im Gegensatz zur homogen imaginierten Gemeinschaft der Regierung betont zum Beispiel *Kotti & Co* gerade die Heterogenität der Gruppe und der Nachbarschaft: «Wir sind eine Vielfalt der politischen und sozialen Meinungen, Einschätzungen, Geschichten und Lebensentwürfe. Wir sind MieterInnen. Mehr oder weniger zufällig zusammengewürfelt, teilen wir ein Dach über der Kopf und vieles mehr – sowie eben auch den Ärger mit der Miete» (Kotti & Co 2012c). Die Heterogenität wird also als etwas Positives beschrieben. Mit ihrem starken «Wir» streben die Mieter_inneninitiativen keine identitäre Abgrenzung an. Angela Levi, Mitglied bei *Kotti & Co*, beschreibt das in ihrer Rede für den Transgenialen Christopher Street Day 2013 so: «Was ich dort (bei *Kotti & Co*, LV) gelernt habe und lerne, auch als Lesbe, und warum ich mich dort auch engagiere: Es geht bei *Kotti & Co* nicht um Identitätspolitik! Es geht nicht darum, wer du bist, sondern was du tust! Die ethnische, religiöse, sexuelle Identität ist bei uns keine politische Kategorie. Wir respektieren uns in der Verschiedenheit, sonst würde es nicht gehen» (Kotti & Co 2013b). Anstatt sich entlang angeblicher identitärer Grenzen spalten zu lassen, konzentriert sich *Kotti & Co* auf die geteilten Probleme: «Unsere Erfahrung ist aber auch, dass wir immer dann stark sind, wenn wir uns weigern, uns in Kategorien einteilen zu lassen und stattdessen darüber sprechen, was die konkreten Probleme sind» (Kotti & Co 2013a).

Eine lokale Identität wird zwar gegen ökonomische Verwertungsinteressen in Stellung gebracht, es ist aber keine ausschließende Identität. Die Differenz wird nicht zwischen Alteingesessenen und Neuzugezogenen gezogen – sie gehören alle zur nachbarschaftlichen Gemeinschaft. Anstatt neu hinzuziehende, einkommensstärkere Nachbar_innen auszugrenzen, richten sich die Mieter_innenproteste direkt gegen die Immobilienverwertungskoalition aus Wirtschaft und Politik.

In das konstruierte «Wir» werden sogar Tourist_innen mit eingeschlossen, anstatt sie persönlich für die Aufwertung von Kiezen verantwortlich zu machen. *Kotti & Co* fordert im Sommer 2012 Tourist_innen auf einem Flyer auf, sich an ihrer Demonstration zu beteiligen: «Dear new Berliners and short term visitors (tourists)»: «Let's struggle together for a good life for everyone – without displacement, low wages and racist discrimination!» (zitiert in: Holm 2012)

Gleichzeitig bedeutet die Betonung eines universellen «Wir» und die Fokussierung auf einen ökonomischen Konflikt nicht, dass andere gesellschaftliche Ausschlüsse als irrelevant betrachtet werden. Neben den Mieterhöhungen ist Rassismus das zweite zentrale Thema für *Kotti & Co*: «Wir wollen keine Identitätspolitik. Wir wollen nicht unterscheiden zwischen Deutsch und Nichtdeutsch, zwischen Moslem und Nichtgläubig, zwischen Mehrheit und Minderheit. Aber wir fordern eine Anerkennung des gesellschaftlichen Problems Rassismus und eine breite Auseinandersetzung damit» (Kotti & Co 2012a).

Das «Wir» der Mieter_inneninitiativen hat einen universalistischen Anspruch, ihre Forderungen leiten sich nicht aus einer bestimmten Identität ab. Gleichzeitig legt dieses «Wir» auf Heterogenität Wert und möchte multiple Ausschlüsse aus der Gesellschaft thematisieren. In einer neoliberalen Gesellschaft, in der Individualität und vermeintlich einzigartig authentische Identitäten hoch im Kurs sind, ist es gegenhegemonial, auf einem Universalismus zu bestehen.

6. Die soziale Mischung schlägt zurück

Dieses «Wir» wird auch eingesetzt, um sich gegen die durch Gentrifizierung betriebene Bevölkerungspolitik zur Wehr zu setzten. Um den Austausch von Bevölkerungen zu legitimieren, werden Nachbarschaften als Problemviertel stigmatisiert. Dazu wird in den meisten Fällen die Rede von der «sozialen Mischung» bemüht. Mit «sozialer Mischung» ist die Durchmischung von sozioökonomischen Schichten und zumindest implizit auch von ethnischen Gruppen in einem Stadtteil gemeint. «Soziale Mischung» wird allerdings nur dort gefordert, wo sich ärmere Haushalte oder ethnische Minderheiten konzentrieren; die negativen Effekte der Überkonzentration von wohlhabenden Schichten wird dagegen nicht thematisiert, ihre Dekonzentration nicht vorangetrieben. Im Gegenteil wehren sich wohlhabende Viertel oft mit Erfolg gegen die Ansiedlung von Sozialwohnungen oder Geflüchtetenunterkünften. Schon bei dieser oberflächlichen Betrachtung, wann die Rede von der «sozialen Mischung» überhaupt eingesetzt wird, zeigt sich also, dass es sich um die Rhetorik einer selektiven Bevölkerungspolitik handelt, die sich gegen ärmere Klassen richtet.

Diese Legitimation von Gentrifizierung und Bevölkerungspolitik durch «soziale Mischung» ist nicht neu. Andrej Holm beschreibt, wie sich die Rede über die «soziale Mischung» durch die Geschichte von Stadtumstrukturierungen in Deutschland zieht (Holm 2009b). Bereits die im 19. Jahrhundert entstandenen Arbeiter_innenquartiere lösten Ängste vor Seuchen und sozialen Revolten aus und führten folglich zu Diskursen und Politiken, die die Konzentration von Arbeiter_innen auflösen sollten. Diese Dekonzentration wurde auf der einen Seite damit begründet, dass nur so die unhygienischen Zustände und die Gefahr vor Seuchen und Aufständen gebannt werden könnte. Auf der anderen Seite wurde auch aus dem vermeintlichen Interesse der Arbeiter_innen selbst heraus argumentiert. Durch ihre räumliche Nähe zu gehobeneren Schichten würde sich auch das Verhalten der unteren Schichten «versittlichen», so die zutiefst sozialchauvinistische Idee. Selbstverständlich orientierte sich die angestrebte Normierung der Lebensweise an bürgerlichen Werten. In der Phase der Stadterneuerung in den 1960er- und 1970er-Jahre nimmt die Rede von der «sozialen Mischung» wieder eine spezielle Funktion ein. In den innerstädtischen Nachbarschaften, die es zu sanieren galt, wurde eine «schwache Sozialstruktur» ausgemacht. Der Austausch von Bewohner_innen wurde ganz explizit als Ziel benannt.

Heute wird wieder auf die «soziale Mischung» zurückgegriffen, um die städtische Umstrukturierung durch Gentrifizierung zu legitimieren. Der Diskurs kann sich dabei auf eine ganze Reihe sozialtheoretischer Überlegungen berufen, die die räumliche Dekonzentration vermeintlich nahelegen. Ab den 1980er-Jahren verbreitete sich in den Sozialwissenschaften die Ansicht, dass «urbane Unterschichten» von der Gesellschaft ausgeschlossen seien (Jencks/Peterson 1991) und dass dieser Ausschluss auch räumlich vermittelt sei. Die Forschung zu sogenannten Quartierseffekten begann zu blühen. Dahinter steht die Annahme, dass der soziale Nahraum der Nachbarschaft einen unmittelbaren Einfluss auf das Verhalten seiner Bewohner_innen hat und somit ihre Chancen auf soziale Mobilität beeinflusst. Sozialer Status reproduziere sich über eine «Kultur der Armut», die in Vierteln konzentrierter Armut entstehe (Wilson 1987). Mit dieser Verschiebung weg von der Betrachtung von strukturellen Klassenlagen wird der ärmeren Bevölkerung zusehends die Schuld an ihrer eigenen Armut zugeschrieben. Der fehlende Kontakt zu höheren Schichten und das Verhalten der «Unterschichten» führten zu Armut, nicht gesellschaftliche und ökonomische Faktoren. Die sozialchauvinistische Idee, obere oder mittlere Schichten hätten einen positiven Einfluss auf ärmere Schichten, dient dazu, die Auflösung von «Problemvierteln» oder «Ghettos» zu legitimieren. Der positive Einfluss solle, so die Studien zu Quartierseffekten, über die sozialen Netzwerke der Mittelschichtsfamilien auch das Sozialkapital der ärmeren Haushalte verbessern. Es gibt allerdings keine empirischen Belege dafür, dass soziale Durchmischung positive Effekte für ärmere Schichten hat (Manley / van Ham / Doherty 2012). Da die neu zugezogenen Mittelschichten dazu neigen sich abzugrenzen, entstehen auch keine sozialen Netzwerke, von denen ärmeren Schichten profitieren könnten (Lees 2008). Ganz im Gegenteil hat die für die Durchmischung notwendige Verdrängung von ärmeren Haushalten negative Folgen für diese (Fraser/DeFillipis/Bazuin 2012). Der Verlust von sozialen Beziehungen, das Wegbrechen von aufgebauten Unterstützungsnetzwerken und die gestiegenen Lebenshaltungskosten behindern die soziale Mobilität und fördern sie nicht. Die Rede von der «sozialen

Mischung» kann also als Rhetorik des Klassenkampfs von oben gesehen werden.

Von Mieter_innen wird meist schnell erkannt, dass es sich bei der angeblich für alle guten «sozialen Mischung» um einen Angriff auf ihr Zuhause und auf ihre Lebensweise handelt. Dementsprechend haben Mieter_inneninitiativen verschiedene Strategien entwickelt, um der «sozialen Mischung» zu begegnen. In einem affirmativen Umgang wird die positive Besetzung des Begriffs «soziale Mischung» nicht generell in Frage gestellt, sondern betont, man sei ja schon gemischt. Der Homogenisierung von «benachteiligten Nachbarschaften» wird eine differenzierte Mischung entgegengesetzt, eine Mischung zum Beispiel aus verschiedenen ethnischen Gruppen oder marginalisierten und prekarisierten Schichten. Eine andere Umgangsstrategie geht eher aufklärerisch vor: Es wird aufgezeigt, dass die Rede von der «sozialen Mischung» eine Strategie der Bevölkerungspolitik ist und Argumentationsfehler werden benannt. Eine dritte Umgangsstrategie ist eng mit dem oben beschriebenen «Wir» und der Etablierung eines positiven Diskurses über die Nachbarschaft verbunden, der das Stigma der «Kultur der Armut» zurückweist und dagegen die funktionierende Gemeinschaft und die eigenen Leistungen in der kulturellen Aufwertung der Nachbarschaft betont. Diese drei Umgangsstrategien kommen in der Praxis meist in Mischformen vor, wie zwei Beispiele aus Berlin zeigen.

Die Sozialmieter_innen von *Kotti & Co* sind immer wieder mit der Rede von der «sozialen Mischung» konfrontiert. So zum Beispiel in einer Pressemitteilung der Senatsverwaltung für Stadtentwicklung, die ein Programm formuliert, das den «sozialen Zusammenhalt» in Großsiedlungen des sozialen Wohnungsbaus «verbessern» möchte (Der Regierende Bürgermeister, Senatskanzlei 2013): Der Abbau von Belegungsbindungen des sozialen Wohnungsbaus wäre gut für die Siedlungen, weil dann einkommensstärkere Mieter_innen zuziehen würden. Diese würden den sozialen Zusammenhalt und die Integration stärken und das Bildungsniveau heben. In ihrem Blogbeitrag «Sozialer Zusammenhalt durch steigende Mieten?» (Kotti & Co 2013c) greifen *Kotti & Co* diese Mär der positiven Effekte der «sozialen Mischung» an: «Es bleibt bisher das Geheimnis der Senatsverwaltung, wie die Lockerung der Belegungsbindung und der Zuzug von reicheren Mieterinnen und Mietern mit der Verbesserung des sozialen Zusammenhalts zusammenhängen sollen. […] Woher nehmen sie die Gewissheit, dass reichere Leute das Sozialgefüge verbessern? Wir erleben in unseren Häusern eher, dass die Reicheren oder die Studenten-WG's sich weniger engagieren und vielmehr ihren eigenen Interessen nachgehen. Welche Maßnahmen werden also mit diesem mysteriösen Plan ergriffen, um die neu Hinzugezogenen, die ein höheres Einkommen haben, in den sozialen Zusammenhalt zu integrieren? Ist das Sozialgefüge schlecht, weil wir arm sind? Sind arme Menschen ein schlechtes Sozialgefüge?» *Kotti & Co* erkennt den Versuch des Senats, den Abbau des sozialen Wohnungsbaus zu legitimieren: «Statt die wenigen Wohnungen, auf deren Mietpreis der Senat Einfluss hat, für die Menschen zu sichern, die mit dem Immobilienboom nicht mithalten können, wird die Gentrifizierung hier von oben weiter betrieben. Statt die Belegungsbindung angesichts der schlechten Versorgungslage für Gering-Verdienende wieder einzuführen, füllt der Senat die Großsiedlungen mit Menschen mit besserem Einkommen, um hinterher sagen zu können – da wohnt ja niemand mehr, der besonders unterstützt werden muss. […] Diese Verdrängung nennt der Senat ‹Verbesserung des Sozialgefüges›». Und *Kotti & Co* nehmen für sich in Anspruch, selbst den sozialen Zusammenhalt herzustellen, und drehen damit das Stigma der «Kultur der Armut» um: «Es findet gerade hier in Kreuzberg eine massive Desintegration statt! Der soziale Zusammenhalt, den viele hier mühsam aufgebaut haben, wird durch die steigenden Mieten im sozialen Wohnungsbau, für die die Senatsverwaltung verantwortlich ist, bedroht.» Auf einer Veranstaltung mit dem Titel «Mieten. Mischung. Mehrwert. Warum *Kotti & Co* uns alle angeht» im Jahr 2012 brachten die Mieter_innen ihre Kritik auf den Punkt: «Unser Problem ist nicht die Mischung, sondern die Miete.»

Die Initiative *Stadt von Unten* fordert, dass auf einem Gelände in Kreuzberg zu einhundert Prozent wirklich bezahlbare Mieten im Wohnungsneubau entstehen. Mit dem Verweis auf die soziale Mischung lehnen Politiker_innen aller Parteien diese Forderung mit dem Einwand ab, es solle schließlich kein Ghetto entstehen. *Stadt von Unten* setzt dagegen, dass in der Umgebung und in Berlin allgemein ausschließlich hochpreisiger Neubau entstehe, dass eine soziale Mischung der gesamten Stadt also nur gewährleistet werden kann, wenn öffentlicher

Wohnungsbau gegensteuert. Schließlich würden vor allem im niedrigpreisigen Segment Wohnungen fehlen und weit mehr als die Hälfte der Berliner Haushalte habe Anspruch auf eine geförderte Wohnung. Auf einer Nachbarschaftsversammlung formulierte *Stadt von Unten* gemeinsam mit über achtzig Nachbar_innen das Statement «Lebenswerte Stadt für Alle – bezahlbare Mieten für Alle!». Darin heißt es: «1. Maßnahmen, die mit dem Begriff der ‹sozialen Mischung› gerechtfertigt wurden, hatten immer große Nachteile für ärmere Bevölkerungsteile und haben Verdrängung nicht verhindert. 2. Vielfalt und sozialer Zusammenhalt wurden in unseren Kiezen schon zu großen Teilen zerstört. Nur 100% wirklich bezahlbare Mieten in Wohnen und Gewerbe können dieser Entwicklung der Verdrängung entgegenwirken. 3. 100% bezahlbarer Wohn- und Arbeitsraum schafft keine ‹Problemkieze› oder soziale ‹Ghettos›, sondern bedeutet mehr Lebensqualität für alle» (Stadt von Unten 2016).

Mieter_inneninitiativen gelingt es also den Begriff der «sozialen Mischung» zu politisieren und die dahinterliegenden sozialchauvinistischen und rassistischen Mechanismen offen zu legen. Die Rede von der «sozialen Mischung» wird als Strategie markiert, um ärmere Bevölkerungsschichten aus sich gentrifizierenden Nachbarschaften zu verdrängen.

7. Kreative Stadt – kreativer Protest

Maßnahmen, die vorgeblich eine kreative Stadt fördern wollen, sind ein wichtiger Teil der Aufwertungs- und Gentrifizierungspolitiken geworden. Laut Richard Florida ist die kreative Klasse Treiber von ökonomischem Wachstum und Innovationen (Florida 2002). Diese kreative Klasse setze sich aus verschiedenen Berufsgruppen zusammen, deren Aufgabe es sei, neue Ideen oder neue Technologien zu entwickeln. Neben Vertreter_innen aus der Wissenschaft, dem Ingenieurwesen, der Bildung, den digitalen Berufen zählt Florida auch Künstler_innen zur kreativen Klasse. Einen weiteren Teil der kreativen Klasse würden Angestellte aus der Finanzwelt und dem Recht stellen. Florida ist für diese unpräzise Definition von Kreativität und seine Definition einer Klasse, deren Zusammensetzung weder auf einen geteilten ökonomischen Status noch auf ähnlichen Berufsgruppen oder Angestelltenverhältnissen basiert, kritisiert worden (Krätke 2010). Nichtsdestotrotz ist Florida mit seinen Ideen der kreativen Stadt gemeinsam mit Charles Landry und seinem «Toolkit for Innovators» in der kreativen Stadt (Landry 2000) zum beliebten Politikberater geworden. Weltweit haben Städte kreative Stadtpolitiken adaptiert – nicht zuletzt, weil sie mit relativ geringen Kosten verbunden sind und trotzdem Wirtschaftswachstum versprechen. Und weil sie einen wunderbaren Aufwertungsmotor in den kulturellen Dynamiken von Gentrifizierungsprozessen darstellen.

Die Fähigkeiten von Künstler_innen und Kreativarbeiter_innen und ihr Lebensstil machen sie automatisch zu einem Rädchen im Getriebe der Gentrifizierung. Ihr kulturelles Kapital wird verräumlicht und von anderen ökonomisch angeeignet. Die oben beschriebenen kulturellen Dynamiken von Gentrifizierung machen deutlich, dass Kreativarbeiter_innen nicht der Grund für Verdrängung ärmerer Schichten sind. Letztendlich werden sie selbst zu Opfern der Gentrifizierung, da die günstigen Atelier- und Wohnmieten verschwinden (Twickel 2010).

Betrachtet man Künstler_innen nicht als Schuldige, sondern als Opfer von Gentrifizierung, können sie zu einem Teil von Mieter_innenbewegungen und Anti-Gentrifizierungskämpfen werden. Künstler_innen beginnen sich gegen die Indienstnahme für Stadtentwicklungspolitiken zu wehren. Einerseits weil sie nicht für die Legitimation der Verdrängung anderer Menschen herhalten wollen und andererseits, weil die wachstumsorientierten kreativen Stadtpolitiken zur Verdrängung von Künstler_innen selbst führen, zumindest wenn diese sich die steigenden Atelier- und Wohnkosten nicht mehr leisten können. Auf diese widersprüchliche Indienstnahme von Kultur im Allgemeinen und Künstler_innen und Kreativarbeiter_innen im Speziellen im post-industriellen Kapitalismus hat auch David Harvey hingewiesen (Harvey 2012). Anders als andere Autor_innen sieht er aus dieser Entwicklung aber einen Widerspruch entspringen, der emanzipatorische Kämpfe befruchten kann. Genau das ist in verschiedenen Städten auch schon passiert. In Hamburg haben Künstler_innen ihre Belange mit denen der Mieter_innenbewegung vor allem in der Besetzung des Gängeviertels und im Manifest «Not in Our Name, Marke Hamburg!» vergemeinschaftet (Novy/Colomb 2013).

Die Stadt Hamburg verfolgt schon seit Längerem eine kreative Stadtpolitik, die sie eng mit ihrer unternehmerischen Politik verbindet. Bereits in den 1980er-Jahren bezeichnete Hamburg sich selbst als Unternehmen. Die Förderung von kulturellen Events, kreativen Industrien und die Unterstützung einzelner Standorte kosten die Stadt wenig und lassen sich optimal ins Citymarketing integrieren. Auch die mehr oder weniger informellen Orte von eher subkulturellen Künstler_innen sind zum Teil dieser Vermarktung geworden (Overmeyer 2010).

Dieser Indienstnahme von kulturellem Wert widersetzten sich zahlreiche Künstler_innen im Jahr 2009 mit der Besetzung des Gängeviertels. Das ehemalige Arbeiter_innenquartier Gängeviertel hält mit seinen Backstein-Altbauten und der angelegten Nutzungsmischung viel Platz für Gewerbe und Handwerk in innerstädtischer Lage bereit. Im Jahr 2005 verkaufte die Stadt das Viertel an den niederländischen Investor Hanzevast, der die Gebäude abreißen und Luxuswohnungen und Büros bauen wollte. Durch die Privatisierung befürchteten zwei ansässige Künstler_innengruppen den Verlust ihrer Ateliers und Galerieflächen. Um gegen den Abriss der historischen Bausubstanz, den Mangel an bezahlbaren Orten der Kunst- und Kulturproduktion, die Verdrängung von ärmeren Bevölkerungsschichten und die Vermarktung der Stadt zu protestieren, besetzten 2009 über Zweihundert Künstler_innen und Aktivist_innen, organisiert in der Gruppe *Komm in die Gänge*, das Viertel. Ihre Motivation beschrieben sie so: «Hamburg wurde zum Unternehmen umgebaut und als ‹Talentstadt› beworben, dann wurde die ‹wachsende Stadt› propagiert – mit dem Ergebnis, dass immer mehr Raum von Handel und teuren Wohnungen verschlungen wird. […] Dem lebendigen Gemeinwesen geht die Luft aus, es wird erstickt. Inzwischen sind selbst die letzten Nischen und Freiräume gefährdet, für immer verloren zu gehen. Die Hamburger Innenstadt ist ein menschenunwürdiger Ort geworden, an dem nichts anderes möglich ist als Konsum und Event. […] Diese Entwicklung betrifft auch Künstler. Denn auch Räume für die freien Szenen werden immer seltener. Die abseitigen, unsanierten Orte, die noch bezahlbaren Räume verschwinden. […] Wir wollen nicht dazu beitragen, gewachsene Nachbarschaften zu verdrängen und nach getaner ‹Arbeit› weiterzuziehen. Der Widerstand gegen diese Politik hat uns in die Gänge gebracht zu einem Zeitpunkt, an dem der Unmut der Bürger an vielen Orten der Stadt sichtbar wurde» (Komm in die Gänge 2010).

In der Presse wurden die Besetzer_innen als Künstler_innen bezeichnet. Tatsächlich war die Gruppe aber deutlich heterogener: «Wir sind Maler, Stadtplaner, Grafiker, Illustratoren, Köche, Designer, Sozialarbeiter, Gold- und Silberschmiede, Hilfsarbeiter, Fotografen, Architekten, Webdesigner, Elfenbeinschnitzer, Polsterer, Tischler, Gärtner, Dichter, Hartz IV-Empfänger, Projektentwickler, Altenpfleger, Geiger, Lehrer, Eventmanager, Wissenschaftler, Regisseure, Restauratoren, Autoren, Psychologen, Gas-Wasser-Installateure, Kameraleute, Installations-, Performance-, Konzept- und Lebenskünstler, Heilpädagogen, DJs, Streetartists, Bühnenbildner, Glasbläser, Musiker, Programmierer, Holz-, Stein- und Metallbildhauer, Beleuchter, Masseure, Dramaturgen, Pädagogen, Licht- und Nichtkünstler, Sattler, Schriftsteller, Medienkünstler, Studierende, Messebauer, Sinologen, Buchbinder, Stipendiaten, Einzelhandelskaufleute, Modedesigner, Sänger, Kindergärtner und Biogemüsehändler» (Komm in die Gänge 2010). Und so unterschied sich die Besetzung deutlich von klassisch autonomen Besetzungen. Anstatt sich zu verbarrikadieren, belebten die Besetzer_innen die Straßen und Häuser durch Ausstellungen, Partys, Veranstaltungen und Konzerte. Die Heterogenität der Besetzer_innen, das Fehlen subkultureller Insignien machte die Besetzung für die Presse und die Politik ideologisch schwer einordenbar. Die Aktiven von *Komm in die Gänge* wirkten an der Etablierung des Hamburger *Recht auf Stadt*-Netzwerkes mit, sahen sich selbst als Teil eines größeren Kampfs gegen Gentrifizierung und verweigerten sich der zugeschriebenen Rolle als Pioniere der Gentrifizierung. Stattdessen vergemeinschafteten sie ihre konkreten Anliegen – bezahlbare Arbeits- und Kreativräume – mit den Forderungen nach einem Recht auf Stadt für Alle und der sozialen Frage.

Entgegen der Hamburger Linie wurde die Besetzung nicht geräumt. Stattdessen verhandelte die Stadt mit den Künstler_innen. Durch diesen Druck und weil der Investor durch die Finanzkrise mittlerweile ins Straucheln geraten war, gelang es, die Stadt dazu zu bewegen, das Gelände zurückzukaufen. Das Gängeviertel wurde unter Denkmalschutz gestellt, Geld für die Instandsetzung der Gebäude bereitgestellt und eine Kooperationsvereinbarung zwischen der Stadt und dem gegründeten Verein *Gängeviertel e.V.* geschlossen (→ Kap. 9).

Eng mit der Besetzung des Gängeviertels hängt die Publikation des Manifests «Not in Our Name, Marke Hamburg!»

zusammen, in dem sich einige bekanntere Kreative gegen ihre Vereinnahmung in das Stadtmarketing zur Wehr setzen. Im Manifest nehmen sie explizit Bezug auf Richard Florida und seine Ideen: «Ein Gespenst geht um in Europa, seit der US-Ökonom Richard Florida vorgerechnet hat, dass nur die Städte prosperieren, in denen sich die ‹kreative Klasse› wohlfühlt. […] Für Hamburg hat die Konkurrenz der Standorte mittlerweile dazu geführt, dass sich die städtische Politik immer mehr einer ‹Image City› unterordnet. […] Liebe Standortpolitiker: Wir weigern uns, über diese Stadt in Marketing-Kategorien zu sprechen. Wir sagen: Aua, es tut weh. Hört auf mit dem Scheiß. Wir lassen uns nicht für blöd verkaufen. Wir wollen weder dabei helfen, den Kiez als ‹bunten, frechen, vielseitigen Stadtteil› zu ‹positionieren›, noch denken wir bei Hamburg an ‹Wasser, Weltoffenheit, Internationalität› oder was euch sonst noch an ‹Erfolgsbausteinen der Marke Hamburg› einfällt. […] Wir sagen: Eine Stadt ist keine Marke. Eine Stadt ist auch kein Unternehmen. Eine Stadt ist ein Gemeinwesen. Wir stellen die soziale Frage, die in den Städten heute auch eine Frage von Territorialkämpfen ist. Es geht darum, Orte zu erobern und zu verteidigen, die das Leben in dieser Stadt auch für die lebenswert machen, die nicht zur Zielgruppe der ‹Wachsenden Stadt› gehören. Wir nehmen uns das Recht auf Stadt – mit all den Bewohnerinnen und Bewohnern Hamburgs, die sich weigern, Standortfaktor zu sein» (NION 2009).

Anstatt sich selbst also als Pioniere der Gentrifizierung zu kasteien, können Künstler_innen und Kulturschaffende ihre Ressourcen und Kompetenzen mit der Mieter_innenbewegung verbinden. Ihr kulturelles Kapital, ihre Kreativität und ihre öffentliche Deutungsmacht kann dabei helfen, Proteste und Aktionen lebendig und kreativ zu machen – und ihnen im Diskurs der kreativen Stadt Stimme und Legitimität verleihen, die ärmere und ausgeschlossene Schichten nicht so leicht bekommen.

8. Partizipation. Von der Beteiligung zur Selbstbestimmung

Eine zentrale Forderung von Mieter_innenprotesten in den 1970er- und 1980er-Jahren war die Forderung nach Teilhabe und Partizipation. Damit wandten sich politische Bewegungen im Nachgang der «68er» gegen die zentralistische staatliche Steuerung und die autoritären Züge des fordistischen Staates. Als Reaktion auf diesen Protest sind Beteiligungsverfahren heute offiziell Teil von Stadtplanungsprozessen. In der Planungstheorie hat sich das Paradigma der kommunikativen Planung durchgesetzt. Dahinter steht die Idee, dass die Partizipation von «Betroffenen» oder «stakeholdern» alle auftretenden Planungsprobleme durch die Aushandlung eines Konsens lösen kann. Die kommunikative Planungstheorie baut auf Jürgen Habermas' Theorie des kommunikativen Handelns auf, die besagt, dass demokratisches Regieren durch intersubjektive Verständigung und konsensorientierte Argumentation zu erreichen sei (Habermas 1981). Die intersubjektive Verständigung gelinge durch einen rationalen und vernunftgeleiteten Austausch, in dem strategisches, interessengeleitetes und instrumentelles Handeln möglichst eliminiert wird. Eine solche deliberative Kommunikation könne nur in der idealen Sprechaktsituation gelingen, in der Machtunterschiede zwischen Teilnehmenden aufgehoben sind, alle ihre Argumente auf das Gemeinwohl statt ihr eigenes Interesse richten und sich alle klar und transparent artikulieren.

Dieses Paradigma des kommunikativen Handelns und der kommunikativen Planung wird seit einigen Jahren aus vielen Gründen kritisiert (Purcell 2009). Die Idee, Machtverhältnisse aus Sprechsituationen und Aushandlungen auszuschließen, verkennt, dass Macht nie aus sozialen Situationen eliminierbar ist. Die Behauptung, ein Raum oder eine Kommunikation sei machtfrei, ist selbst ein machtvoller Akt. Damit zusammen hängt ein verkürztes Verständnis von Politik, das sich im kommunikativen Paradigma zeigt: Politik ist hier nur die Herstellung von Konsens, Konflikt und die Vertretung von Interessen gilt es zu vermeiden. Wenn von marginalisierten Gruppen verlangt wird, dass sie in Partizipationsveranstaltungen gemeinwohlorientiert argumentieren, wird ihnen die eigene Interessenvertretung abgesprochen. Kommunikative Planung beansprucht «alle» Betroffenen zu beteiligen, also inklusiv zu sein. Es ist in der Realität aber gar nicht so leicht zu entscheiden, wer alles von einer Entscheidung betroffen ist: nur die direkten Nachbar_innen, die ganze Stadt, das ganze Land, die ganze Welt? Diese Definition kann strategisch eingesetzt werden, wie zum Beispiel der Volksentscheid zu Stuttgart 21 auf Landesebene zeigt. In Partizipationsprozessen können immer nur Vertreter_innen von Betroffenen beteiligt werden, woraus sich Repräsentationsprobleme ergeben. Das Recht auf Eigentum garantiert Grundeigentümern die Beteiligung bzw. die Wahrung ihrer Interessen. Dagegen sind vor allem unterprivilegierte Gruppen kaum vertreten, weil sie sich nicht «von selbst» beteiligen. Offizielle Partizipationsverfahren und die Ideale des kommunikativen Handelns schließen mehr oder weniger systematisch bestimmte soziale Gruppen aus und leiden unter einem «Mittelschichtsbias». Da der Aushandlungsprozess auf rationaler Argumentation beruht, ist es entscheidend, wem diese Rationalität zugesprochen wird. Ein bestimmter Habitus führt zur Legitimität der vorgebrachten Argumente. In patriarchalen, rassistischen, heteronormativen oder klassistischen Gesellschaften entstehen systematisch Sprecher_innenpositionen mit unterschiedlicher Autorität. Innerhalb hegemonialer Diskurse haben außerdem unterschiedliche Argumente verschieden hohe Chancen gehört und akzeptiert zu werden. Die neoliberale Wissensordnung bevorzugt Argumente, die ihrer Rationalität entsprechen.

Partizipative Planung kann dazu dienen, einen postpolitischen Konsens herzustellen, in dem Konflikt und die Artikulation von Interessen nicht mehr möglich sind. Diese postpolitische Ordnung beschreibt Erik Swyngedouw als Ordnung «in der Auseinandersetzung, Differenz und Dissens durch eine Reihe von Herrschaftstechniken ersetzt wurden, deren gemeinsamen Kern Konsens, Zustimmung und technokratische Steuerung bilden» (Swyngedouw 2013: 141). Diese Herstellung von Konsens wirkt machterhaltend und verhindert, dass soziale Bewegungen Interessen vertreten können.

Die progressive Forderung nach Beteiligung ist zur neoliberalen Regierungstechnik geworden (Kuhn 2014). Beteiligungsverfahren dienen mittlerweile oft der Einhegung von Dissens und Konflikt (Rosol/Dzudzek 2014). Die scheinbar demokratischen und angeblich machtfreien Beteiligungsverfahren liefern eine starke Legitimation für Entscheidungen. Protestgruppen müssen aufpassen, dass sie nicht zur Legitimation aus ihrer

Sicht falscher Positionen eingespannt werden. Diese Erfahrung haben auch aktuelle Mieter_innenproteste machen müssen. Sie dürfen zwar oft ihre Forderungen vortragen, am Ergebnis des Beteiligungsverfahrens ändert das aber nichts. Ihren Namen haben sie trotzdem hergegeben. Oftmals stehen grundlegende Entscheidungen schon fest, bevor Anwohner_innen für ein paar kleinere Fragen einbezogen werden.

Aus diesen Erfahrungen heraus haben Mieter_inneninitiativen verschiedene Umgangsstrategien mit der Gefahr der Einhegung in Partizipationsprozesse entwickelt. Manchmal ignorieren sie die offiziellen Veranstaltungen schlicht und versuchen ihnen so die Legitimität zu nehmen. Oder sie intervenieren im offiziellen Prozess. Diese Interventionen können von Störungen bis hin zur Aneignung des Verfahrens reichen.

Der Konflikt um die Entwicklung des ehemaligen Uni-Campus' im Stadtteil Bockenheim, Frankfurt am Main, zeigt, welche Strategien stadtpolitische Initiativen verfolgen, um der Einhegung durch Partizipation zu begegnen (Dzudzek 2016).

Ende der 1990er-Jahre beschloßen die Stadt Frankfurt und das Land Hessen die Auflösung des Campus der Goethe-Universität in Bockenheim. Mit einem städtebaulichen Wettbewerb wurde 2004 ein Rahmenplan für die Entwicklung des alten Campus' festgelegt. Dieser Rahmenplan sieht für die Nachbarschaft in der Nähe der Messe und der Innenstadt eine Entwicklung als Standort für kreative und unternehmerische Dienstleistungen (70%) und eine Bebauung mit hochpreisigem Wohnen (30%) vor. Diese grundsätzliche Ausrichtung wurde weitgehend ohne Bürger_innenbeteiligung festgelegt. Anwohner_innen und ansässige Sozial- und Kultureinrichtungen befürchteten ihre Verdrängung durch eine Aufwertung der Nachbarschaft und den Abriss der modernen Universitätsarchitektur. Mitte der 2000er-Jahre gründeten sich deshalb die Initiativen *Zukunft Bockenheim*, *Ratschlag Campus Bockenheim* und *Offenes Haus der Kulturen*. Die Initiativen kritisierten die Planung, wegen des geringen und hochpreisigen Wohnanteils. In der Stadt gab es ohnehin schon massenhaften Bürolehrstand. In zwei Dialogveranstaltungen im Jahr 2010 sollten Bürger_innen in die Planung einbezogen werden. Die Initiativen beteiligten sich zwar, kritisierten aber, dass sie sich in den Veranstaltungen überhaupt nicht ernst genommen fühlen. Sie hatten sich seit

Jahren mit dem Stadtteil auseinandergesetzt, nun wurden sie behandelt, als hätten sie keine Ahnung. In den Dialogveranstaltungen wurde außerdem ein Grundproblem offizieller Partizipationsverfahren offenbar: Die wirklich wichtigen Entscheidungen stehen schon fest oder werden anderswo getroffen. Die gesetzte Rahmenplanung stand nicht mehr zur Debatte. Beteiligen durfte man sich nur noch bei der Frage, «wo die Blumenkübel stehen sollen» (Initiative Ratschlag Campus Bockenheim zitiert in: Dzudzek 2016: 291).

Den Bedenken der Anwohner_innen und Initiativen begegnete die Stadt im Beteiligungsverfahren stets mit Sachzwangargumenten. Im Jahr 2011 wurde beschlossen, dass das Gelände vom Land Hessen an die städtische Wohnungsbaugesellschaft ABG-Holding verkauft wird und diese für die weitere Entwicklung zuständig sei. Obwohl es sich bei der ABG um eine fast 100%ige Tochtergesellschaft der Stadt Frankfurt handelt, wurde argumentiert, dass sie nach marktwirtschaftlichen Kriterien und unternehmerischer Logik handeln muss. Vermeintliche ökonomische Sachzwänge wurden damit gegen die Entwicklung preiswerten Wohnraums oder den Erhalt sozialer Infrastruktur gestellt.

Zur Legitimation der Entwicklung wurde sich auch in Frankfurt des Diskurses der kreativen Stadt bedient. Die Fläche solle als «Leuchtturmprojekt» für die Kreativwirtschaft bzw. die kreative Stadt umstrukturiert werden. Im Viertel sollten etablierte Kunst- und Kulturinstitutionen wie eine Musikhochschule, das Ensemble Modern und die Forsythe Company angesiedelt werden. Kreativwirtschaftliche Agenturen und Büros sollten den «kreativen Stadtteil», den *KulturCampus Bockenheim*, ergänzen. Lokale Künstler_innen, stadtpolitische Initiativen und bestehende soziokulturelle Einrichtungen befürchteten dagegen die staatlich initiierte Aufwertung des Stadtteils und den Verlust offener Räume der Kulturproduktion und bezahlbaren Wohnraums. Dass die kreative Stadtpolitik in Bockenheim dem Gedanken der Standortkonkurrenz entsprang zeigt eine Aussage der damaligen Oberbürgermeisterin Petra Roth: «Kreative Köpfe, die in der Kreativwirtschaft in diesen urbanen Zentren des 21. Jahrhunderts arbeiten werden, Hochqualifizierte und die wissensintensiven Unternehmen, die diesen Köpfen und diesen Männern und Frauen Arbeit bieten, die diese Menschen also beschäftigen, richten nämlich ihre Lebensinteressen auf urbane Kulturräume. Das wird eine maßgebliche Botschaft des künftigen *KulturCampus Bockenheim* und damit von Frankfurt am Main sein: Wichtige Standortfaktoren im weltweiten Wettbewerb der Städte, um die wichtigsten Ressourcen des 21. Jahrhunderts darzulegen, sind Wissen, Kultur und Kreativität» (zitiert in: Dzudzek 2016: 282).

Mit dieser Verengung der Debatte um die Entwicklung auf Kultur wurden andere Anliegen der Anwohner_innen und Initiativen ausgeklammert. Eigentumsfragen, Fragen der Privatisierung, Verdrängung durch Aufwertung, die Zerstörung gewachsener sozialer Strukturen im Stadtteil und der geplante Abriss denkmalgeschützter Nachkriegsarchitektur wurden so aus dem Beteiligungsverfahren und der öffentlichen Debatte herausgehalten. Wurden sie dennoch vorgebracht, wurden sie als utopisch, unrealistisch oder nicht bezahlbar vom Tisch gewischt.

In dieser Situation haben die stadtpolitischen Initiativen verschiedene Strategien angewendet, um ihrer Einhegung im offiziellen Partizipationsverfahren zu begegnen.

So forderten die Initiativen grundsätzlich ein, dass sie auch über die Ausgestaltung der Partizipation mitentscheiden dürfen: «Wir wollen als Bürger mitreden darüber, was Bürgerbeteiligung ist, und wie Bürgerbeteiligung bezogen auf den Campus Bockenheim praktiziert werden soll» (Initiative Zukunft Bockenheim, zitiert in: Dzudzek 2016: 295). Sie forderten eine Diskussion auf Augenhöhe, eine transparente Dokumentation der Veranstaltungen und ergebnisoffene Veranstaltungen. Das mit der Beteiligung beauftragte Architekturbüro wusste diese Kritik allerdings schnell einzuhegen, nahm die Rhetorik in ihre Veranstaltungen auf und begegnete in der Folge jedem Einwand mit dem Satz «Das nehmen wir auf und wird alles im Anhang [des Konsensplans, Anmerk. I.D.] dokumentiert» (zitiert in: Dzudzek 2016: 296). In diesem Anhang verschwanden die alternativen Vorschläge auf Nimmerwiedersehen. Deshalb gingen die Initiativen zu aktivistischeren Methoden über. Schon lange hatten sie sich an der Rhetorik gestoßen, auf dem Campus solle ein «Leuchtturmprojekt» entstehen. Der Leuchtturm sollte mit Hilfe elitärer Kultureinrichtungen strahlen, den schon existierenden sozialen und kulturellen Einrichtungen wurde eine solche Leuchtkraft abgesprochen. Deshalb luden im Juni 2011 die Aktionstage des *Wem gehört die Stadt*-Netzwerkes zu einer symbolischen Eröffnung des *KulturCampus*: «Wir hatten ja die ganze Zeit gesagt, dieser *KulturCampus* ist kein Zukunftsprojekt [...], sondern hier findet schon Kultur statt, hier findet politische Praxis statt. Das lässt sich auch unter diesen Kulturbegriff fassen [...]. Wir haben gesagt, der *KulturCampus* ist schon da, und das haben wir dann auf super affirmative Weise so gemacht, dass wir gesagt haben, wir machen jetzt die Eröffnung des *KulturCampus*. Schön, dass ihr es vorhabt, aber wir machen es vor euch» (zitiert in: Dzudzek 2016: 297).

Bei der symbolischen Eröffnung ließen die Aktivist_innen an Luftballons gebundene Leuchttürme steigen und verabschiedeten so die Leuchtturmpolitik, die als den lokalen Interessen entgegengesetzt wahrgenommen wurde. Durch die Kritik an der Rhetorik wurde die Kritik an der unternehmerischen und wachstumsorientierten Stadtpolitik laut. Nun hatte die Intervention zur Folge, dass in den offiziellen Verfahren auf die Rhetorik des Leuchtturms verzichtet, dafür aber die Slogans der Bewegung aufgenommen wurden: Unter dem Motto «Campus für Alle» wurde nun der bisherige Entwicklungsplan beworben. Auf diese Art der Einhegung machten die stadtpolitischen Initiativen mit zwei weiteren Aktionen aufmerksam. Beim Abschlussforum der Planungswerkstätten im April 2012 verteilten die Initiativen eine Umfrage. Auf dem Flyer konnte man verschiedene Merkmale des bisherigen Beteiligungsverfahrens ankreuzen. Zum Beispiel: Beteiligung ist, wenn «schon vor dem Ende der Debatte feststeht, welche Ergebnisse erzielt wurden? Diese Ergebnisse vor dem Abschluss der Planungswerkstätten der Presse bekannt gegeben werden und damit Ergebnisoffenheit neu definiert wird? [...] Vorschläge von Bürgern, die nicht im Sinne des Eigentümers bzw. der bisherigen Planung sind, den Stempel nicht wirtschaftlich erhalten (auch als Totschlagargument bekannt)? [...] Gentrifizierung als eine der Folgen der ‹Aufwertung› in der Debatte keine Rolle spielen soll, städtischerseits jedoch z.B. durch den Mietspiegel 2010 Bockenheim und Westend als teuerste Innenstadtlagen für ‹Normalbürger› unbewohnbar gemacht werden?» (zitiert in: Dzudzek 2016: 301).

Das spielerische Element dieser Intervention wurde auch bei einem Bürgerforum im Mai 2011 eingesetzt. Die Veranstaltung war als Podiumsdiskussion angelegt. Auf dem Podium waren die Geschäftsführung der ABG-Holding, das Planungsdezernat der Stadt, ein freier Stadtplaner, der Präsident der Hochschule für Musik und Darstellende Kunst, der Kulturdezernent der Stadt und der Präsident der Universität vertreten. Anwohner_innen oder Initiativenvertreter_innen waren trotz mehrfacher Nachfrage für das Podium nicht zugelassen worden. Deshalb veranstalteten die Initiativen auf dem Bürgerforum ein Partizipations-Bingo. Die Besucher_innen fanden auf ihren Stühlen Bingo-Zettel mit der Rhetorik der neoliberalen Stadt vor. Immer, wenn eines der Wörter fiel, zum Beispiel «Standort», «Leuchtturm», «Exzellenz» oder «Konkurrenz», sollte laut geklatscht, bei einer Fünfer-Reihe laut «Partizipation» gerufen werden. Schon die einführenden Worte der Oberbürgermeisterin gingen in tosendem Applaus unter. Als sich abzeichnete, dass keine reguläre Veranstaltung abzuhalten war, übergab die Oberbürgermeisterin das Mikrophon ans Publikum. Die nun folgende Situation steht symbolisch für den gesamten Beteiligungsprozess: Da die Boxen der Tonanlage alle auf das Publikum ausgerichtet waren, konnten die Podiumsteilnehmenden die Wortmeldungen aus dem Publikum nicht hören. Eine wirkliche Beteiligung der Öffentlichkeit war also gar nicht vorgesehen. Anstatt sich den offiziellen Verfahren zu unterwerfen und in ihnen eingehegt zu werden, hatten die Initiativen durch ihr Spiel eine Möglichkeit gefunden, den vermeintlichen Konsens zu brechen, sich hörbar zu machen und Themen anzusprechen, die im Verfahren gar nicht vorgesehen waren. Die Initiativen *Zukunft Bockenheim* und *Offenes Haus der Kulturen* wurden im Nachgang der Aktion zu einem Gespräch mit der Bürgermeisterin und dem Geschäftsführer der ABG-Holding geladen, das zum ersten Mal auf Augenhöhe geführt wurde. Die eskalierende Strategie der Initiativen hat schlussendlich nicht zu einer Verhinderung des *KulturCampus Bockenheim* geführt. Aber einige Teilerfolge zu Themen, die im Partizipationsverfahren gar nicht vorgesehen waren, konnten errungen werden: der Wohnanteil wurde auf vierzig Prozent erhöht, ein Teil der historischen Gebäudesubstanz erhalten, der Erhalt des Studierendenhauses als Offenes Haus der Kulturen und der Erhalt einer Kindertagesstätte wurden durchgesetzt.

Auch in Berlin lassen sich rund um den Konflikt um die Bebauung des Tempelhofer Feldes ähnliche Strategien beobachten (Hilbrandt 2016). Als die ersten Bürger_innenbeteiligungsveranstaltungen abgehalten wurden, standen auch hier schon die zentralen Eckpunkte fest, allen voran, dass überhaupt eine Bebauung geplant ist. Die Partizipationsveranstaltungen in den umliegenden Nachbarschaften wurden von Kiezinitiativen und Mieter_innengruppen immer wieder gestört oder der Ablauf wurde geändert, indem sie andere als die vorgesehenen Themen auf die Tagesordnung setzen, Banner entrollen oder die Veranstaltung kollektiv verließen. Die Bühne der offiziellen Verfahren wurde genutzt, um eigene Ideen und Forderungen vorzubringen.

Die Initiative *100% Tempelhofer Feld* organisierte sich ab 2012 gegen die vom Senat geplante Bebauung der Ränder des ehemaligen Flugfeldes. Dabei ging es nicht um eine grundsätzliche Ablehnung von Neubau, sondern darum, dass die geplante Bebauung vor allem von privaten Projektentwickler_innen erstellt werden sollte und viele öffentliche Fördergelder im Gegenzug für nur sehr geringe und temporäre soziale Zwischennutzungen verschwendet würden. Die Initiative sah die Interessen der Immobilienlobby bedient, nicht aber die der Mieter_innen der Stadt. Solange die Stadt eine solche Wohnungspolitik verfolge, müsse die Bebauung verhindert werden. Neben der Angst vor Gentrifizierung in den angrenzenden Nachbarschaften vereinten sich in der Kampagne von *100% Tempelhofer Feld* auch ökologische Bedenken und der Wunsch nach Freiräumen. Letztlich nahm die Initiative *100% Tempelhofer Feld* die Beteiligung selbst in die Hand und initiierte einen direktdemokratischen Prozess über die grundsätzliche Frage der Bebauung des ehemaligen Flugfeldes. In einem Volksentscheid konnte über die Bebauung abgestimmt werden. In zahllosen Informationsveranstaltungen und Gesprächen beim Unterschriftensammeln gelang es so, deutlich mehr Leute zu beteiligen als auf den offiziellen Partizipationsveranstaltungen. Trotzdem wurde der Kampagne von Politik wie Medien immer wieder vorgeworfen, in ihr würden Anwohner_innen die Bebauung ihres Hinterhofs verhindern wollen. Dieser NIMBY-Vorwurf (Not in my Backyard) wird immer wieder gegen Mieter_innenproteste gezückt, um sie zu delegitimieren. Hier äußert sich das kommunikative Planungsparadigma, in dem die Vertretung eigener Interessen verunmöglicht wird. Dass die Initiative aber durchaus einen allgemeinen Unmut der Berliner_innen mit der Wohnungspolitik der Regierung ausdrückte, zeigte das Abstimmungsergebnis: Die Mehrheit in allen Berliner Bezirken, auch in denen, die nicht am Feld liegen, sprach sich gegen die Bebauungspläne des Senats aus.

Die Forderung nach Beteiligung hat sich von einer progressiven Forderung sozialer Bewegungen zu einer neoliberalen Regierungstechnik gewandelt. Obwohl, oder vielleicht gerade weil die partizipative Planung der Einhegung dienen soll, ist sie immer wieder Anlass für Protest. Die frustrierenden Erlebnisse, die Mieter_innengruppen in Beteiligungsverfahren machen, führen zu ihrer Politisierung.

9. Selbermachen, Wünsche produzieren, Pläne schmieden

Stadt selbst machen ist ein Anspruch, den stadtpolitische Initiativen auf ganz verschiedene Arten ausfüllen (vgl. Rinn 2016: 327f). Anstatt es Politiker_innen und Verwaltung zu überlassen, Wohnungspolitik zu machen, formulieren Mieter_innengruppen eigene Vorschläge und Gesetze. Mit dem *Mietenvolksentscheid* aus Berlin wird eine solche Art des Selbermachens vorgestellt. Durch öffentliches, kollektives Planen sollen gerade diejenigen, die oft davon ausgeschlossen sind, einbezogen und kollektive Positionen in offiziellen Beteiligungsverfahren vertreten werden. Im Folgenden werden *Park Fiction* und die *PlanBude* aus Hamburg und *Stadt von Unten* aus Berlin als Beispiel dieser Planung von unten vorgestellt. Eine weitere Art des Selbermachens ist die Durchsetzung von gelebten Alternativen, von konkreten Utopien. Oftmals projektorientierte Initiativen nehmen im Kleinen eine gerechtere Wohnraumversorgung und das gute Leben vorweg. Die Leipziger Hausprojektszene dient hierfür als Beispiel.

Die Berliner *Mietenvolksentscheidinitiative* zeigt, wie weit die Abstraktion von der unmittelbaren Betroffenheit zu weitreichenden Forderungen gehen kann. In ihr taten sich 2014 verschiedene Gruppen der Berliner Mieter_innenbewegung zusammen, darunter *Kotti & Co*, um die Wohnungsfrage auf gesetzgeberischer Ebene anzugehen und eine eigene Gesetzesvorlage zu formulieren. In der Vorbereitung des Mietenvolksentscheides wurde schnell klar, dass einige wichtige Themen einer sozial gerechten Wohnraumversorgung nicht behandelt werden können.

Auf Landesebene können nur bestimmte Dinge rechtlich geregelt werden. Ein Zwangsräumungsverbot beispielsweise müsste auf Bundesebene eingebracht werden. Die beteiligten Initiativen einigten sich schließlich darauf, ihren Volksentscheid auf den sozialen Wohnungsbau und die landeseigenen Wohnungsunternehmen zu konzentrieren. Denn in beiden Sektoren ist es in den letzten Jahren zu massiven Mietsteigerungen und in der Folge zu zahlreichen Mieter_innenprotesten gekommen. Die landeseigenen Wohnungsunternehmen sollten ihrer betriebswirtschaftlichen Logik entrissen werden. Dafür sollten die sechs Unternehmen (GmbHs, AGs) in eine Anstalt des öffentlichen Rechts umgewandelt werden, in deren Aufsichtsrat auch zwei Mieter_innen vertreten sind. Die erwirtschafteten Gewinne sollten außerdem nicht, wie bisher üblich, an den Haushalt abgeführt werden, sondern in einem eigenen Wohnraumfonds Modernisierung und Neubauwohnungen mietenneutral ermöglichen.

Die Initiative absolvierte überaus erfolgreich die erste Stufe des Volksentscheidverfahrens und sammelte in kurzer Zeit deutlich mehr Unterschriften als dafür nötig. Die Regierung unter Bürgermeister Michael Müller (SPD) geriet zunehmend unter Druck, hatte sie doch immer wieder die Alternativlosigkeit ihrer Wohnungspolitik behauptet. Zunächst versuchte sie, die Anliegen der Mieter_innen gegen andere soziale Belange auszuspielen: Die Kulturförderung müsse gekürzt und Kitas geschlossen werden, wolle man den Forderungen der Initiative nachkommen. Diese Ausweichtaktik verfing in den Medien allerdings nicht. Deshalb änderte der Senat seine Strategie und lud Vertreter_innen der Initiative im Sommer 2015 zu Verhandlungen ein. Dort drohte er damit, das Volksentscheidverfahren mit rechtlichen Prüfverfahren lahmzulegen. So sei etwa die Bildung einer Anstalt des öffentlichen Rechts nicht EU-rechtskonform. Unter dieser Drohkulisse ließen sich die Initiativenvertreter_innen auf einen Kompromiss ein: Der Volksentscheid würde nicht weiter vorangetrieben, wenn im Gegenzug ein akzeptabler Gesetzentwurf zur Restrukturierung der landeseigenen Wohnungsunternehmen und eine Reform des sozialen Wohnungsbaus aufgelegt würde.

In der Presse wurde dieser Kompromiss weitgehend als Sieg der Initiativen dargestellt und sicherlich hatte man weitreichende Zugeständnisse erreicht. In der Mieter_innenbewegung wurde allerdings heftig über die Ergebnisse und den Ablauf gestritten (Wir bleiben Alle 2015/2016). Der Kompromiss war relativ intransparent zustande gekommen. Der Plan, eine den Volksentscheid begleitende Kampagne zu Themen, die ausgeschlossen wurden, zu starten, wurde nie wirklich angegangen. Mit der zunehmenden Professionalisierung von Bewegungsakteuren koppelte sich deren Handeln oftmals von der Basisbewegung ab. Eine Verbindung zwischen aus der Betroffenheit heraus organisierten Mieter_innen und mehr oder weniger professionalisierten Bewegungsaktivist_innen muss immer wieder neu hergestellt werden.

Die Ergebnisse der Mietenvolksentscheidinitiative bedeuten dennoch die unmittelbare Verbesserung der materiellen Lebensumstände vieler Berliner Mieter_innen. Im sozialen Wohnungsbau wurde durchgesetzt, dass die Warmmieten dreißig Prozent des Einkommens der Haushalte nicht mehr übersteigen dürfen. Mieter_inneninitiativen kritisieren allerdings, dass die Bezuschussung der Miete beantragt werden muss, was erfahrungsgemäß vor allem Haushalten mit geringen sozialem Kapital schwerfällt. Den slandeseigenen Wohnungsunternehmen wurde eine Anstalt des öffentlichen Rechts vorgesetzt, die die Änderungen unter der Rot-Rot-Grünen Landesregierung – zum Beispiel eine Beschränkung der Mieterhöhungen auf zwei Prozent pro Jahr – kontrollieren soll. Außerdem wurde der Forderung nach Demokratisierung der landeseigenen Wohnungsunternehmen begegnet, indem jetzt zwei Mieterräte in jedem Unternehmen gewählt werden. Deren erste Wahl 2017 hat gezeigt, dass die Wohnungsunternehmen sich mit Händen und Füßen gegen mehr Mietermitbestimmung wehren: Viele Kandidat_innen wurden mit der Begründung, sie seien als «Störer» bekannt oder sie hätten Mietrückstände, gar nicht erst zugelassen.

Mit der *Mietenvolksentscheidinitiative* konnte eine Reihe von Zugeständnissen durchgesetzt werden, indem man ein Gesetz einfach selbst geschrieben und die Politik so zum Handeln gezwungen hat.

In Hamburg haben sich verschiedene Initiativen wie *Park Fiction* und die *PlanBude* auf die Demokratisierung von Planungsverfahren konzentriert. Einer der letzten offenen Zugänge zur Elbe in St. Pauli sollte Mitte der 1990er-Jahre durch Büro- und Wohnbebauung verschlossen werden. Trotz gültigem

Bebauungsplan taten sich Kunstschaffende, soziale Einrichtungen, eine Schulleiterin, eine lokale Kirche und der *Golden Pudel Club* zusammen, um stattdessen einen öffentlichen Park zu entwerfen. Dies geschah anfänglich als eigenständiger Planungsprozess, parallel zu den offiziellen Planungen und autonom von ihnen. Statt nur einen Park zu fordern, imaginierte man sich einen Park: *Park Fiction* war geboren (Schäfer 2004). Besonders effektiv und für breite Legitimität sorgend waren dabei die Methoden der kollektiven Wunschproduktion. Wunschproduktion «ist ein Kampfbegriff und schlägt gleichzeitig alternative Handlungsmodelle vor. In der Stadtplanung kritisiert sie die Ignoranz gegenüber den NutzerInnen der Stadt und wendet sich gegen den Umbau der Städte nach wirtschaftlichen Interessen. Sie zeigt, wie es gelingen kann, die Planung der Stadt denjenigen zu überlassen, die in ihr wohnen und sie nach ihren Bedürfnissen gestalten. Den methodischen Konzepten der Gemeinwesenarbeit verleiht sie politische Schärfe. Sie betont die Radikalität des subjektiven Wunsches und seine Fähigkeit, über die realen Bedingungen hinauszugelangen. Und sie entwickelt künstlerische Arbeitsweisen, mit denen sich Autonomiegewinne und erweiterte Handlungsräume für mehr Menschen als den künstlerischen Autor allein gewinnen lassen.» (Wieczorek 2006)

Mit einem Infotainmentprogramm wurde über den Zusammenhang von Parks und Politik aufgeklärt. Der Planungsprozess von unten wurde als Spiel gestaltet, statt als bürokratischer Prozess. In einem Planungscontainer auf dem Gelände konnten Nachbar_innen und Besucher_innen Wünsche und Vorschläge zur Parkgestaltung auf Fragebögen und in Interviews abliefern oder Modelle des Parks aus Ton, Pappmaché oder Lebensmitteln formen. Per Telefonhotline konnten Wünsche auch nachts abgegeben werden. Aktivist_innen suchten aber auch die Nachbarschaft auf und sammelten dort Wünsche ein. So wurden Hunderte von Wünschen kollektiv produziert. Dabei nahm die Planung von unten nicht in Anspruch, objektiv oder unparteiisch zu sein. Ziel war es nicht, alle (möglichen) Menschen zu beteiligen, sondern gerade die Stimmen und Wünsche hör- und sichtbar zu machen, die es sonst nicht sind. In ihrem Spielfilm «Die Wünsche werden die Wohnung verlassen und auf die Straße gehen» hat Margit Czenki die kollektive Wunschproduktion festgehalten (Czenki 1999). Diese Wunschproduktionen nahmen den Park vorweg, ließen ihn in den Köpfen der Menschen Realität werden, so dass auch die offiziellen Planungsämter nicht mehr daran vorbeikamen. In einem zehnjährigen Kampf wurde die Planung von unten – in einem ständigen Kampf mit der Stadtverwaltung – durchgesetzt. Nicht alle Wünsche wurden umgesetzt. Manche warfen dem *Park Fiction* vor, selbst ein Motor der Aufwertung zu sein. *Park Fiction* war dennoch ein zentrales Projekt für die folgende Mieter_innenbewegung in Hamburg. Denn hier wurden Erfahrungen mit Planung von unten und ihren, möglichweise auch unintendierten, Folgen gemacht.

Auch an diesem Planungsprozess von unten war die *GWA St. Pauli* beteiligt. Aus dieser Erfahrung heraus stießen sie 2012 das Projekt *St. Pauli selber machen!* an. Die Idee dahinter entspricht der Planung von unten beim *Park Fiction*: «Nicht Politik, nicht Behörden und Investoren setzen sich zusammen, planen irgendwas und stellen das dann vor, und dann dürfen noch ein paar andere sich daran beteiligen. Unser Motto war: Es muss genau andersherum ablaufen. Die Bevölkerung im Stadtteil plant, überlegt sich, was sie braucht, und beteiligt anschließend Behörden und Investoren daran» (Jörg/Schuster 2014: 161). Gestartet ist *St. Pauli selber machen!* als Pilotprojekt, gefördert durch das Bundesprogramm *Nationale Stadtentwicklungspolitik*, das auch das Ziel verfolgt, Legitimation für Stadtentwicklung von oben herzustellen. Interessanterweise hat sich das Projekt aber verselbstständigt und ist mittlerweile eine unabhängige Initiative, die regelmäßig Stadtteilversammlungen abhält, die von hunderten Menschen besucht werden. Auf diesen Versammlungen wird dem Unmut darüber, dass man sich von den parlamentarischen Parteien nicht mehr vertreten fühlt, Luft gemacht; Entwicklungen im Stadtteil, von Neubauprojekten bis zur Ausrufung eines Gefahrengebietes, werden kritisch begleitet; nach dem G20-Gipfel war die Stadtteilversammlung eine der wenigen Stimmen aus den Hamburger Nachbarschaften, die in der Lage war, die Situation kollektiv zu bearbeiten und einzuschätzen (St. Pauli selber machen 2017).

Die *PlanBude* entstand 2014 aus der autonomen Stadtteilversammlung *St. Pauli selber machen* nach der Räumung der ESSO-Häuser, als sich abzeichnete, dass deren Abriss wohl nicht mehr zu verhindern war. Die Idee der *PlanBude*, einem Zusammenschluss aus mehr und weniger professionalisierten

Stadtplaner_innen, Architekt_innen, Gemeinwesenarbeiter_innen und Künstler_innen, war es, den Eigentümer des Geländes und die Stadt Hamburg durch eine kollektive Wunschproduktion aus der Nachbarschaft zu zwingen, einen Planungsprozess von unten zu unterstützen und möglichst weitreichende soziale Zugeständnisse bei der Neubebauung durchzusetzen (Tribble/Wedler/Katthagen 2017).

Die Ideen dazu – und teilweise auch die Personen – stammten aus Erfahrungen mit *Park Fiction*. Der *PlanBude* gelang es in der aufgeheizten stadtpolitischen Stimmung, dem Bezirk Hamburg Mitte einen Vertrag abzuringen, mit dem die *PlanBude* selbstverantwortlich mit dem Beteiligungsprozess für den auszulobenden städtebaulichen Wettbewerb beauftragt wurde und dafür auch Mittel erhielt. Ende 2014 und Anfang 2015 entstand so ein Beteiligungsprozess, der unter offiziellen Beteiligungsverfahren seinesgleichen sucht. Die *PlanBude* setzte eine ganze Reihe von planerischen Werkzeugen ein, mit denen verschiedenen Menschen ermöglicht wurde, sich auf verschiedene Arten einzubringen. Wärmekarten wurden ebenso erstellt wie Lego- und Knetmodelle; Nacht-, Keller- und Dachnutzungskarten regten die Kreativität der Nachbar_innen an. Der *PlanBuden*-Container direkt vor Ort war an sechs Tagen die Woche von 16 bis 21 Uhr geöffnet und offen für Ideen und informellen Austausch. Diese ständige Zugänglichkeit ist für die Einbindung möglichst vieler Menschen genauso wichtig wie die aufsuchende Beteiligung. Die *PlanBude* suchte die Alltagsorte der Nachbar_innen gezielt auf, ging in Bars und Kneipen, in Hotels und Kioske, in Schulen und Seniorenheime und klopfte sich zusammen mit der *GWA St. Pauli* und der «Hochschule für angewandte Wissenschaft» von Haustür zu Haustür. Fragebögen wurden gemeinsam entwickelt und an alle Haushalte verteilt. Kleine und große Feste stärkten den informellen Austausch und den sozialen Zusammenhalt. Alle Ergebnisse wurden in einem offen zugänglichen Archiv gesammelt.

In diesem Sammlungsprozess bleibt die *PlanBude* stets den Interessen des Stadtteils verpflichtet. Das lokale Wissen der Nachbar_innen wird als das relevante Wissen für die Stadtentwicklung gesehen. Die über zweitausend Ergebnisse der Sammlungsphase kondensierten die Angestellten der *PlanBude* im «St. Pauli Code», der sieben Leitlinien für die Entwicklung des Geländes vorschreibt: Unterschiedlichkeit statt Homogenität,

Kleinteiligkeit, günstig statt teuer, Originalität und Toleranz, Aneignung und Lebendigkeit, Experiment und Subkultur, Freiraum ohne Konsumzwang (PlanBude 2015). Die Ergebnisse wurden in zwei Stadtteilkonferenzen mit den Bewohner_innen abgestimmt und erst anschließend an Bezirk und Eigentümer weitergegeben. Sie sind die Grundlage, auf der die Ausschreibung des städtebaulichen Wettbewerbs entstand. Konkrete Ergebnisse darin sind der Ausschluss von Eigentumswohnungen, sechzig Prozent geförderter Wohnungsbau, zugängliche Räume für die Nachbarschaft und Orte der sozialen Versorgung, eine kleinteilige und heterogene Bebauung, eine öffentliche Dachlandschaft und ein öffentliches Erdgeschoss. Der Eigentümer seinerseits setzte eine Hotelbebauung durch. Das Gelingen des Planungsprozesses von unten in St. Pauli ist ganz wesentlich auf die vorhergehende politische Mobilisierung im Stadtteil und die jahrelange Arbeit zahlreicher stadtpolitischer Initiativen zurückzuführen. Diese Art der demokratisierten und demokratisierenden Beteiligung lässt sich nicht einfach auf andere Orte und Projekte übertragen. Sie zeigt vielmehr, wie inhärent politisch solche Verfahren sind und dass es deshalb die politische Intervention von außen braucht.

In Berlin verfolgt die Initiative *Stadt von Unten* ebenfalls einen Ansatz der Stadtplanung von unten. Im Jahr 2014 taten sich einige stadtpolitisch Aktive zusammen, um mit einem Modellprojekt zu zeigen, dass die Mieter_innenbewegung durchaus für Neubau sein kann, wenn dieser den Interessen der Nachbarschaft und der vom Wohnungsmarkt Ausgeschlossenen dient und wenn Planungsprozesse und politische Institutionen umfassend demokratisiert werden. Dafür stellte *Stadt von Unten* grundlegende Forderungen auf: 100% öffentliches Eigentum, keine Eigentumswohnungen; 100% wirklich bezahlbare Mieten, auch für Menschen die Sozialleitungen beziehen; 100% Teilhabe, Mitbestimmung ohne Eigenkapital; und 100% langfristig abgesichert, Schutz vor Privatisierung. Um ein solches Modellprojekt «selbstverwaltet & kommunal» umzusetzen, wählten sie das sogenannte Dragonerareal in Berlin-Kreuzberg, ein 4,7 Hektar großes ehemaliges Kasernengelände, auf dem sie viel Leerstand und einige Gewerbetreibende – Nachtclubs, Autowerkstätten und Handwerksbetriebe – vorfanden. Bevor aber an die Umsetzung des Modellprojekts auch nur zu denken war, musste zunächst die Privatisierung des Geländes verhindert werden.

Die Bundesanstalt für Immobilienaufgaben (BImA), unter dem Dienstherr Wolfgang Schäuble, versuchte, das Gelände in einem Höchstbieterverfahren für 36 Millionen Euro an einen österreichischen Investor zu verkaufen. *Stadt von Unten* gelang es, gemeinsam mit anderen Initiativen und dem Berliner Senator für Finanzen so viel Druck aufzubauen, dass die Privatisierung schließlich durch den Finanzausschuss des Bundesrates gestoppt wurde. Gleichzeitig rief das Land Berlin ein Sanierungsgebiet rund um das Areal aus und bereitete so den Weg für ein offizielles Beteiligungsverfahren zur Entwicklung des Geländes. Bereits in den Voruntersuchungen zum Sanierungsgebiet intervenierte *Stadt von Unten*, indem die Initiative einerseits an den offiziellen Verfahren teilnahm und dort koordiniert mit anderen Initiativen und den Gewerbetreibenden des Geländes kollektive Positionen einbrachte und andererseits, indem sie eigene Nachbarschaftsversammlungen abhielt, in denen zum Beispiel das oben beschriebene Statement für hundert Prozent wirklich bezahlbare Mieten entstand. Auch ein Kiezraum für die Initiativen und die Nachbarschaft, bereitgestellt durch den Bezirk, wurde hier gefordert und steht mittlerweile kurz vor der Eröffnung. Im laufenden Verfahren bringt sich *Stadt von Unten* mit ihren kollektiven Positionen in Veranstaltungen, Werkstätten und Lernlaboren ein und interveniert gleichzeitig von außen. Das Gelände befindet sich momentan in der Übertragung vom Bund an das Land Berlin. Am offiziellen Beteiligungsverfahren vorbei wollte die Senatsverwaltung für Stadtentwicklung diese Übertragung an ein landeseigenes Wohnungsunternehmen realisieren.

Da die landeseigenes Wohnungsunternehmen in der Vergangenheit keinen ausreichenden Schutz vor Privatisierung oder Mieterhöhungen boten und eine demokratische Mitbestimmung vermissen ließen, sich sogar öffentlich gegen zu viel Beteiligung bei Neubauvorhaben aussprachen, stellte sich *Stadt von Unten* gegen diese Idee. Das Eigentum am Boden solle selbstverwaltet und kommunal aufgeteilt sein und der demokratischen Kontrolle der Mieter_innen und Nachbar_innen unterstehen (Stadt von Unten 2017a). *Stadt von Unten* schlägt deshalb die Bildung eines Bodenrates vor und bezieht sich dabei auf die Ideen von Community Land Trusts, Vertreter_innen politischer und zivilgesellschaftlicher Institutionen der Stadt und der Nachbarschaft in Eigentum und Verwaltung des Geländes miteinzubeziehen (Stadt von Unten 2018).

Anders als *Park Fiction* oder die *PlanBude* in Hamburg hat *Stadt von Unten* also keinen parallelen Planungsprozess gestartet und auch nicht den offiziellen übernommen, sondern interveniert in diesen auf verschiedene Arten. Damit einher geht, dass der Initiative keine Ressourcen zur Verfügung stehen, einen aufsuchenden Planungsprozess von unten durchzuführen. An ausreichend vielen Türen zu klingeln, ist für eine Initiative, die ihrer Arbeit in der Freizeit ihrer Mitglieder nachgeht, kaum möglich. Wie in Hamburg verfolgt *Stadt von Unten* aber einen Planungsprozess von unten mit Parteilichkeit. Ihr Ziel ist es nicht, wie in offiziellen Beteiligungsverfahren, alle oder möglichst viele Interessen zu einem Konsens zu vermitteln, sondern sie vertreten die Interessen derjenigen, die von der Stadtentwicklung an den Rand gedrängt und deren Stimmen oft nicht gehört werden. Entscheidungen in Planungsprozessen sollen in erster Linie also nicht von Eigentümern oder staatlichen Institutionen getroffen werden, sondern von den Stadtnutzer_innen. Der Gebrauchswert der Stadt solle Ausgangspunkt jeder Entwicklung sein. Eine nutzer_innenbasierte Planung richtet sich «an den Bedürfnissen heutiger und zukünftiger Nutzer_innen der Stadt aus, und nicht an ihrer Kaufkraft» (Stadt von Unten 2017c: 157).

Bei Neubauprojekten sind diese Interessen nicht alle schon vor Ort vertreten, sondern müssen von Dritten eingebracht werden. Deshalb fordert *Stadt von Unten* als zentrales Moment der Planung von unten Zeit ein, um einen kollektiven Lernprozess und die Organisierung und Vertretung von Interessen überhaupt zu ermöglichen. Ziel von Planungsprozessen von unten müsse es außerdem sein, über den Einzelfall hinaus zu wirken und politische Rahmenbedingungen zu verschieben, kommunale Institutionen auch strukturell zu demokratisieren und für eine Stadt als Gemeingut einzutreten.

Eine weitere Art, Stadt selber zu machen, sind die zahlreichen Hausprojekte, die im Kleinen dem Markt Wohnraum entziehen. Eine besonders lebhafte Hausprojektszene hat Leipzig (Wendt 2018). Durch den vielen Leerstand in der Stadt wurden hier viele Projekte ermöglicht, die Wohnraum dem Markt entziehen und langfristig nicht-profitorientiert sichern wollen. Darunter befinden sich viele Projekte des *Mietshäuser Syndikats*. Aus dieser vielfältigen Hausprojektszene ist der *Haus- und WagenRat* entstanden. Der Begriff Hausprojekt wird von ganz unterschiedlichen Gruppen beansprucht, von Baugruppen über *Mietshäuser Syndikat*-Projekte bis zu ehemals besetzten Häusern. Um sich in dieser heterogenen Szene abzugrenzen, hat sich 2012 eben jener *Haus- und WagenRat e.V.* gegründet, in dem Projekte versammelt sind, die bestimmte Grundwerte teilen: «Gleichberechtigung aller BewohnerInnen und NutzerInnen. Dauerhafte Vergesellschaftung durch kollektives Eigentum der Immobilien. Die Schaffung einer solidarischen Infrastruktur zwischen den Projekten. Die Unterstützung neuer Gruppen, die diese Ziele teilen. Eine Nutzung, die auch Menschen mit geringen finanziellen Mitteln Zugang ermöglicht, nicht als Privileg einer kleinen Gruppe, sondern als Grundrecht aller Menschen» (Haus- und WagenRat e.V. o.J.). Die Projekte im Rat sind relativ unterschiedlich. In manchen wird nur gewohnt, in anderen auch oder nur gearbeitet. In manchen gibt es ein ausgeprägtes und auch räumlich vorgegebenes Gemeinschaftsleben, andere haben abgeschlossene Wohneinheiten. Sie alle wehren sich aber gegen ihre Indienstnahme für Stadtmarketing, wollen keine «schöner Wohnen»-Projekte sein, sondern «Bausteine einer solidarischen Stadt» (Haus- und WagenRat e.V. o.J.). Im *Haus- und WagenRat* kann man sich beraten lassen und der Rat tritt gegenüber der Politik für die Interessen der Projekte ein.

Auf Druck von *Leipzig – Stadt für Alle*, einem Netzwerk stadt- und wohnungspolitischer Initiativen in Leipzig, dem *Haus- und WagenRat*, dem *HausHalten e.V.*, in dem sich Architekt_innen und Planer_innen für ein Zwischennutzungskonzept und den Erhalt der gründerzeitlichen Baustruktur einsetzten, dem *selbstnutzer e.V.* und vieler anderen Initiativen wurde 2015 bei der Neuverhandlung des wohnungspolitischen Konzepts der Stadt die Einrichtung eines Netzwerks mit einer bezahlten Stelle durchgesetzt. Außerdem hat sich die Stadt dazu durchgerungen, Wohnprojektinitiativen durch die Vergabe städtischer Liegenschaften zu unterstützen. Im nun durchgeführten Konzeptverfahren bleiben die Kriterien für die Vergabe aber intransparent. Das neu gegründete Netzwerk *Leipziger Freiheit* soll die Initiativen für kooperatives und bezahlbares Wohnen koordinieren und Hürden bei der Umsetzung kooperativer Wohnprojekte beseitigen.

Netzwerkpartner sind zivilgesellschaftliche und selbstverwaltete Strukturen, wie der *Haus- und WagenRat*, die *Alternative Wohngenossenschaft Connewitz* und *haushalten e.V.* auf der einen Seite und das Amt für Stadterneuerung und Wohnungsbauförderung auf der anderen Seite. Das Netzwerk soll als Bindeglied zwischen Verwaltung und Projekten wirken. Die bezahlte Stelle des Netzwerkes wurde nicht aus den Initiativen heraus besetzt, sondern von einem Stadtplanungsbüro. Die Beratung für kooperative Wohnformen ist nicht aufsuchend gedacht, so dass sich in Zukunft wohl eher gut organisierte Gruppen mit hohem sozialem Kapital an die Stelle wenden werden. Dass das Ziel der Stadt hinter der Förderung nicht nur die Schaffung von bezahlbarem Wohnraum ist, sondern auch der Imagewert der Wohnprojekte, verrät eine Formulierung auf der Homepage des Netzwerkes: Es will «Stadtwert» schaffen.

Der Hausprojektszene in Leipzig ist es gelungen, zahlreiche Immobilien zu dekommodifizieren und bezahlbaren Wohnraum bereitzustellen. Nun versucht sie sich daran, ihr Modell zugänglicher zu machen, zu erweitern und so zu einer sozial gerechten Stadtentwicklung beizutragen.

10. Selbstverwaltet & kommunal

Die Beispiele aus Leipzig, Hamburg und Berlin zeigen: Stadt wird von denen gemacht, die in den Stadtteilen leben. Das «Selbermachen» kommt demnach auch oft in den Namen der Gruppen vor. Wobei im Titel einer Publikation von *Kotti & Co* auch schon ein Konflikt mit diesem «Selbermachen» anklingt: «Alles muss man selber machen» (Kotti & Co 2016). In diesem «Selbermachen» liegt auch ein hoher Anspruch. Nicht jede_r kann oder will sich ständig selbst verantwortlich fühlen. Warum machen die gewählten Vertreter_innen und die Verwaltung eigentlich keine gemeinwohlorientierte Arbeit im Sinne der Mieter_innen? Diese Frage, die sich die Mieter_innengruppen stellen, spiegelt sich in ihrem Verständnis von Autonomie. Autonomie ist nicht voraussetzungslos, erst wenn materielle Sicherheit und grundlegende Gleichheit erreicht sind, kann von einer wirklichen Selbstbestimmung ausgegangen werden (Kronauer 2014). Vorstellungen von Autonomie, wie sie die neuen sozialen Bewegungen der 1970er- bis hin zu denen der 1990er-Jahre vertreten haben, sind mittlerweile in die neoliberale Hegemonie eingehegt (Boltanski/Chiapello 2003). Autonomie von staatlichen Strukturen, wie sie zum Beispiel die Hausbesetzungsbewegung durch die Etablierung autonomer Räume anstrebte, ist zur Regierungstechnik geworden: Bürger_innen sind für sich selbst verantwortlich, zivilgesellschaftliches Engagement und *community empowerment* legitimieren den Rückzug des Sozialstaates. Marktliberale Vorstellungen von individueller Autonomie, Selbstbestimmung und Selbstverantwortung haben die progressiven Autonomie-Forderungen der neuen sozialen Bewegungen in gewisser Hinsicht in ihr Gegenteil verkehrt. Autonomie ist in der Krise. Die Orientierung der Mieter_innenbewegung auf die Umstrukturierung staatlicher Institutionen ergibt sich auch aus der Art der Mieter_inneninitiativen. Sie sind oft aus konkreter und akuter Betroffenheit entstanden und müssen ihre Forderungen schnell durchsetzen, um nicht verdrängt zu werden. Ein langwieriger Selbstorganisierungsprozess entspricht nicht unbedingt den zeitlichen und sozialen Ressourcen der heterogenen Trägerschaft. Selbstbestimmung und Selbstorganisation setzen eine grundsätzliche materielle Absicherung voraus, insofern herrschen auch «Ungleichheiten in der Selbstbestimmung über das eigene Leben» (Kronauer 2014: 440). Selbstverwaltung ist für Menschen mit geringem ökonomischen Kapital in prekären Lebenssituationen deutlich schwieriger.

Gleichzeitig ist das Vertrauen der Mieter_innen in existierende staatliche Institutionen und deren Gemeinwohlorientierung erschüttert. Denn diese Institutionen sind, wo sie nicht gänzlich privatisiert, nach betriebswirtschaftlichen Gesichtspunkten und im Interesse des Kapitals umstrukturiert worden. Auf konkrete Forderungen der Mieter_innen gehen die Institutionen nicht oder nur nach hohem öffentlichem Druck ein. Die Repräsentation der Interessen von breiten Bevölkerungsschichten durch staatliche Institutionen funktioniert nicht. Die Aufgabe, als Bewegung das Gemeinwohl durchzusetzen, ergibt sich auch aus der Tatsache, dass die unternehmerische Stadtpolitik und der Neoliberalismus im Allgemeinen den Gemeinwohlanspruch staatlicher Institutionen untergraben haben.

In dieser Situation der gleichzeitigen Krise der Autonomie und der Repräsentation stellen die Mieter_innengruppen Forderungen auf, die weder vollständig auf autonome Strukturen setzen und staatliche links liegen lassen noch einfach ein «Zurück zum Fordismus» bedeuten: Vielmehr soll «die staatliche Verantwortung für die Bereitstellung sozialer Infrastrukturen der öffentlichen Daseinsfürsorge [...] entgegen klassischer wohlfahrtsstaatlicher Ansätze nicht autoritär zentral gesteuert werden, sondern durch direkte demokratische Kontrolle seitens der Bewohnerinnen ergänzt werden» (Endres 2015: 547). Staatliche Institutionen, wie städtische Wohnungsbaugesellschaften oder Partizipationsverfahren, die ja selbst das Produkt sozialer Kämpfe waren, sollen für soziale Zwecke zurückgefordert und demokratisiert werden. Diese Forderungen lassen sich unter dem Begriffspaar «selbstverwaltet & kommunal» zusammenfassen. Was damit im Einzelnen gemeint ist und wie sich dies herleitet wird nun an Beispiel aus Berlin, Frankfurt am Main und Hamburg beschrieben.

In Berlin fordern die Sozialmieter_innen von *Kotti & Co* unter dem Stichwort «Rekommunalisierung Plus» nicht nur einfach, dass ihre Häuser vom Land zurückgekauft werden, sondern auch mehr Selbstbestimmung für die Mieter_innen: «Wir kämpfen für eine Rekommunalisierung unserer Häuser. Aber wir wissen: Es reicht nicht, nur in städtisches Eigentum überzugehen. Wir müssen selbst über unsere Häuser, über unseren Strom und über unsere Stadt bestimmen können! [...] Was wir also fordern ist nichts weniger als ein Modell für ein neues soziales Wohnen. Eine Rekommunalisierung Plus. Also Rekommunalisierung plus Gemeinnützigkeit plus Selbstverwaltung» (Kotti & Co 2014).

Die Forderung nach mehr Selbstbestimmung begründen *Kotti & Co* mit folgenden Argumenten: Auch die städtischen Wohnungsbaugesellschaften wirtschaften weitgehend renditeorientiert, sie bieten keinen Schutz vor Mieterhöhungen und Verdrängung. Außerdem unterliegen sie ohne Mieter_innenmitbestimmung den politischen Stimmungsschwankungen der Regierung und können jederzeit wieder privatisiert werden: «Die sicherste Lösung für dieses Problem [der Privatisierung, LV] ist die Überführung der Häuser in demokratische Selbstverwaltung. Die Häuser müssen zwar rekommunalisiert werden, d.h.

von den städtischen Wohnungsgesellschaften gekauft werden. Sie müssen aber danach ausgegliedert werden und in eine eigene, mieterbestimmte Institution übergehen. So wird energetische Sanierung keine Aufwertungsstrategie mehr sein. So können wir selbst darüber bestimmen, wie sich unser Viertel verändern soll. So können wir aus einem korrupten Milliardengeschäft ein basisdemokratisches Beispiel der Stadt von morgen machen» (Kotti & Co 2014). Mieter_innenmitbestimmung hat aber auch noch viele andere Vorteile. Sie führt zu lebenswerteren Nachbarschaften und zu einer Demokratisierung der Gesellschaft: «Die Aktivierung ehemals passiver Mitglieder dieser Gesellschaft, die durch den Protest von *Kotti & Co* erreicht wurde, soll in ein nachhaltiges übertragbares Modell von Selbstverwaltung auch nichtbürgerlicher Schichten in einem generationsübergreifenden, solidarischen Prinzip verstetigt werden. Die bestehenden Erfahrungen und Wissenspotentiale der BewohnerInnen, die bislang gesellschaftlich entwertet wurden, wie generationsübergreifende familiäre Solidarität, Hartnäckigkeit, Kiezverbundenheit, Sorge um die Jugend, interkulturelle Kompetenz, Mehrsprachigkeit, Willkommenskultur, Toleranz gegenüber anderen Lebensentwürfen und vieles mehr, sollen durch das Modell-Projekt zu Säulen des Gemeinsamen werden» (Kotti & Co 2014).

Aufgrund der heterogenen Zusammensetzung der Gruppe und der großen Anzahl von Wohnungen in der Siedlung grenzen sich *Kotti & Co* von existierenden Formen der Selbstverwaltung, die vor allem von Mittelschichtshaushalten getragen werden, ab: «Modelle wie Hausgruppen, Baugruppen oder klassische Genossenschaften […] fallen dabei wegen ihres benötigten hohen ‹sozialen und kulturellen Kapitals› […], ganz abgesehen von dem ökonomischen Kapital, das Eigentums-Genossenschaften aufbringen, aus. […] Wir wollen keine Insellösungen! Wir wollen eine neue Form von sozialer Wohnungspolitik! Wir wollen nachhaltige Lösungen für die große Gruppe der Verdrängten und Verdrängungsbedrohten!» (Kotti & Co 2014)

Ganz ähnliche Erfahrungen mit städtischen Wohnungsbaugesellschaften haben Mieter_innen in Frankfurt am Main gemacht. Die Initiative *Eine Stadt für Alle! Wem gehört die ABG?* gründete sich 2015 als Zusammenschluss verschiedener Initiativen, die schon länger in der Bewegung aktiv waren, wie die

Aktionsgemeinschaft Westend, die Initiative *Zukunft Bockenheim* oder der Mieterverein *Mieter helfen Mietern*. Die Initiative kritisiert am Beispiel der städtischen Wohnungsbaugesellschaft ABG-Holding die betriebswirtschaftliche Logik der Stadtentwicklung. Die ABG, 1890 als städtisches Wohnungsunternehmen mit dem Auftrag gegründet, bezahlbaren Wohnraum für untere Einkommensschichten zu bauen und marktfern zu organisieren, befindet sich auch heute noch in der Hand der Stadt. Ihre Geschäftspraktiken sind trotzdem von Privatisierungen, dem Bau hochpreisiger Eigentumswohnungen und dem Rückzug aus dem sozialen Wohnungsbau geprägt. Von der Stadt wird sie dazu veranlasst, ihre hohen Gewinne an den Haushalt abzuführen. Statt also mit dem hohen Anteil städtischer Mietwohnungen am gesamten Mietmarkt (25%) eine sozial gerechte Politik zu betreiben, nutzt die Frankfurter Verwaltung die *ABG,* um ihre bevölkerungspolitischen Ziele und die Positionierung im internationalen Standortwettbewerb zu erreichen. Deshalb stellt die Initiative die Frage «Wem gehört die ABG?» Sollte sie nicht den Frankfurter_innen gehören, von denen die Hälfte Anrecht auf eine Sozialwohnung haben? Um die städtische Wohnungsbaugesellschaft wieder in den Dienst eines nicht profit-, sondern gemeinwohlorientierten Wohnungssektors zu nehmen, fordert *Wem gehört die ABG?* ganz ähnlich wie *Kotti & Co* in Berlin die Erhöhung der Bezahlbarkeit und eine Demokratisierung der Institutionen (Wem gehört die ABG? 2015).

Konkret hieße das, auf Mieterhöhungen zu verzichten, Zwangsräumungen auszusetzen und beim Neubau 100% geförderten Wohnraum zu erstellen. Eine Demokratisierung der *ABG* würde beinhalten, dass die Steuerungskompetenz über das Unternehmen wieder dem Stadtparlament übergeben und damit der ökonomischen Logik der Holding entzogen wird. Gleichzeitig müssten die Entscheidungsrechte der Mieter_innen gestärkt werden, denn die öffentliche Kontrolle ist kein Garant für Gemeinwohlorientierung, wie die leidvollen Erfahrungen der Mieter_innen vieler städtischer Wohnungsbaugesellschaften belegen. Diese Entscheidungsrechte könnten bei Veränderung von bestehenden Mietverhältnissen, wie Mieterhöhungen, Renovierungen oder Kündigungen, greifen. Auch bei Planungsprozessen müssten Mieter_innen Entscheidungskompetenzen zufallen. Über Mieter_innenräte soll außerdem grundsätzlicher

Einfluss genommen werden auf die Ausrichtung der städtischen Wohnungsbaugesellschaft. Es bedarf «einer Demokratisierung der Stadtentwicklung sowie der Wohnraumversorgung, die bei der Einbindung der Mieterinnen und Mieter an Entscheidungen, die ihr Lebensumfeld betreffen, beginnt» (Wem gehört die ABG? 2016).

Stadt von Unten in Berlin nennt das Modellprojekt, das sie auf dem sogenannten Dragonerareal in Kreuzberg umsetzen wollen, «Selbstverwaltet & Kommunal». Ein konkretes Ziel soll anhand eines Beispiels mit einer konkreten Utopie verbunden werden. Das Modell soll «mit einem utopischen Überschuss gesellschaftsverändernde Perspektiven aufzeigen: Eine Zukunftsvision der Welt, wie sie sein könnte, die das Handeln heute anleitet. Das Modellprojekt ist also auch eine Strategie, die aus bloßen Abwehrkämpfen herausführt und mit einem positiven Gegenentwurf Alternativen sichtbar macht» (Stadt von Unten 2017b: 1).

Ziel ist es, selbstverwaltete und kommunale Strukturen zu integrieren, denn beide Strukturen leiden unter bestimmten Beschränkungen. Selbstverwaltete Wohnformen – von Genossenschaften über Wohnprojekte bis zu (ehemals) besetzten Häusern – sind in ihrer Zielgruppe beschränkt. Oft bedarf es des Erwerbs von Anteilen, wodurch Menschen ökonomisch ausgeschlossen werden. Ist dies nicht der Fall, erfordert der Selbstorganisierungsprozess oft viel Engagement und soziales Kapital, wodurch ebenfalls viele Menschen ausgeschlossen werden. Selbstverwaltung muss nicht unbedingt bedeuten, dass alle sich ständig an allem beteiligen müssen. Ob man seine Hausverwaltung selbst erledigt oder nicht sollte aber eine selbstbestimmte Entscheidung sein. Eine weitere Beschränkung selbstverwalteter Wohnformen ist, dass sie strukturell nicht unbedingt über sich hinaus wirken. Denn wenn die eigene Lebenssituation abgesichert ist, gibt es keinen Anreiz mehr dafür, weiteren Wohnraum dem Markt zu entziehen: «Ein Dilemma solcher Strukturen selbstverwalteten Wohnens ist also, dass sie in den Nischen und ‹Rissen› kapitalistischer Stadtentwicklung zwar entstehen und auch überleben können, es ihnen aber nicht gelingt, diese aufzubrechen und auf breiter Basis Wohnraum zu vergesellschaften. Sich selbst also die linke Insellage zu sichern, während alle anderen um einen rum verdrängt werden? Das kann nicht unsere Antwort sei» (Stadt von Unten 2017b: 3).

Die hier angesprochene fehlende Breitenwirksamkeit zeichnet kommunale Wohnungsbaugesellschaften grundsätzlich aus. Allerdings sind sie entweder privatisiert oder nach unternehmerischer Logik umstrukturiert worden. Damit dienen sie oft nicht mehr einer gemeinwohlorientierten Wohnraumversorgung. Ernsthafte Mit- und Selbstbestimmungsstrukturen gibt es in kommunalen Wohnungsbaugesellschaften nicht. Diese Strukturen könnten eine Privatisierung und unverhältnismäßige Mietsteigerungen verhindern und durch die Teilhabe der Mieter_innen gleichzeitig einen Motor der gesamtgesellschaftlichen Demokratisierung darstellen.

Die Idee von *Stadt von Unten* ist also, konkrete Kooperationen zwischen selbstverwalteten Strukturen und kommunalen Institutionen umzusetzen, um ihre Integration voranzutreiben: «Diese doppelte Sackgasse – fehlende Verbreiterung bei selbstverwalteten Projekten, fehlende Mitbestimmung bei kommunalen – kann nur überkommen werden, wenn das Beste aus beiden Modellen kombiniert wird. Die Verbreiterung der Selbstverwaltung und die Demokratisierung der kommunalen Strukturen: Selbstverwaltet *und* Kommunal!» (Stadt von Unten 2017b: 3f). Diese Integration beginnt schon in der Eigentumsstruktur. Voraussetzung für jede Art der Teilhabe ist, dass Eigentum kollektiviert wird, in selbstverwalteten und kommunalen Strukturen.

Selbstverwaltete und kommunale Elemente sollen aber nicht nur Institutionen wie städtischen Wohnungsbaugesellschaften auszeichnen, sondern auch Planungsprozesse. Möglichkeiten und Grenzen der Kooperation von politischen Initiativen und staatlichen Institutionen in Planungsprozessen zeigt das kooperative Verfahren im Gängeviertel in Hamburg (Ziehl 2017).

Die oben beschriebene Besetzung des Gängeviertels setzte die Stadt Hamburg dermaßen unter Druck, dass sie das privatisierte Viertel vom Investor zurückkaufte und sich auf ein kooperatives Verfahren mit den organisierten Gängeviertel-Gruppen zur Entwicklung des Geländes einließ. Im Rahmen dieser kooperativen Stadtentwicklung soll das Viertel saniert und die soziokulturelle Infrastruktur ausgebaut werden. Als ersten Schritt arbeiteten die Stadt und die Aktiven gemeinsam ein integriertes Entwicklungskonzept (IEK) aus, in dem einige Rahmenbedingungen festgesteckt wurden. Dieses IEK sah die Erstellung öffentlich geförderter Wohnungen, Ateliers und kulturell nutzbarer Gewerbeflächen zu günstigen Mietpreisen sowie ein soziokulturelles Zentrum, die *Fabrique*, vor und veranschlagte die Kosten für die Entwicklung auf zwanzig Millionen Euro. Was das IEK nicht vorsieht, ist eine verbindliche Regelung zur weiteren Beteiligung der Aktivist_innen und zur geforderten späteren Selbstverwaltung der Gebäude. An dieser Leerstelle entzündeten sich schnell Konflikte. Ebenso daran, dass die Entwicklungsgesellschaft *steg* sowohl als Treuhänderin als auch als Entwicklungsträger eingesetzt wurde. Die *steg* ist vielen Recht-auf-Stadt-Gruppen aus Hamburg bekannt, weil sie für staatliche Aufwertungen verantwortlich ist und damit Gentrifizierungsprozesse in vielen Nachbarschaften angestoßen hat. Im Gängeviertel vereint diese privatwirtschaftliche Firma im Auftrag der Stadt eine ganze Reihe wichtiger Funktionen auf sich: Eigentümerrechte, Bauherrenfunktion, Verwaltung der Gebäude und Grundstücke und Planung und Bauleitung. Deshalb fordert die Gängeviertel-Initiative mittlerweile die Einsetzung einer intermediären Organisation, die unabhängiger von der Stadt agiert (Ziehl 2017: 17f). Bereits 2010 hatten die Aktivist_innen die Genossenschaft *Gängeviertel e.G.* gegründet, um den staatlichen Institutionen eine eigene Rechtsform entgegenzusetzen. Im Jahr 2011 unterzeichneten der *Gängeviertel e.V.*, die Genossenschaft und die Stadt Hamburg vertreten durch die Behörde für Stadtentwicklung und Umwelt (BSU, heute BSW), die Behörde für Kultur und Medien und das Bezirksamt Hamburg-Mitte eine Kooperationsvereinbarung über die weitere Entwicklung, in der durchgesetzt wurde, dass die Genossenschaft in die Entwicklung und Sanierung des Viertels eingebunden wird. In der Vereinbarung fehlte aber wiederum eine Einigung darüber, wie die langfristige Verwaltung der Gebäude nach der Sanierung zu gestalten sei.

In der folgenden Zeit häuften sich die Konflikte zwischen *steg*, dem beauftragten Architekt_innenbüro und der Gängeviertel-Initiative über laufende Baumaßnahmen wie neu angebrachte Dämmungen, Abriss von historischer Bausubstanz und Veränderung von Wohnungsgrundrissen. Der festgelegte Finanzierungsrahmen stellte sich als zu gering heraus, was in der Folge immer wieder als Rechtfertigung für Einsparungen eigentlich vereinbarter Maßnahmen genutzt wurde. Eine von der Gängeviertel-Initiative vorgeschlagene Kostenreduzierung durch Eigenleistungen lehnte die Stadt ab. Zu Konflikten führte auch, dass die Aktivist_innen sich größtenteils ehrenamtlich in die vielen Kommissionen und Verhandlungen einbrachten und ihre prekäre Lebenssituation dadurch verschärften. Von der BSU fühlte man sich nicht auf Augenhöhe wahrgenommen. Die Angst der ansässigen Kreativarbeiter_innen, die für den Erhalt des Viertels gekämpft hatten, vor der eigenen Verdrängung nach Abschluss der Sanierung wuchs. All diese Konflikte führten Anfang 2015 zu einem Baustopp, den die Gängeviertel-Initiative erzwang, indem sie drohten, aus der Kooperationsvereinbarung auszusteigen. Die Konfliktbearbeitung wurde an Arbeitsgruppen übergeben. Zur Verwaltung der bereits sanierten Gebäude einigten sich BSW und Gängeviertel-Initiative auf einen Generalmietvertrag der Genossenschaft, für das soziokulturelle Zentrum *Fabrique* wurden die Mietkosten gesenkt und Fördermittel aufgetrieben. Diese Punkte konnte die Initiative in langwierigen Verhandlungen nur durchsetzen, weil mit einer politischen Kampagne von außen Druck auf das Kooperationsverfahren ausgeübt wurde.

In der zentralen Frage der letztendlichen Eigentümerschaft konnte bis heute keine Einigung zwischen Gängeviertel-Initiative und Stadt gefunden werden. Um nicht verdrängt zu werden und das Gelände vor einer späteren Privatisierung zu schützen, strebt die Initiative eine Selbstverwaltung im kollektiven Eigentum an: «Das Gängeviertel muss selbstverwaltet in die Zukunft gehen, sonst ist die Gefahr zu groß, dass es eines Tages Machtspielen oder kurzfristigen Profiten geopfert wird» (Gängeviertel e.V. 2017). Das Vertrauen in den politischen Willen der Regierung ist zu gering und die Angst vor politischem Umschwung ist zu groß, als dass man einer öffentlichen Eigentümerschaft trauen würde. Die Selbstverwaltung ist außerdem die Voraussetzung dafür, dass das Viertel langfristig als lebendiger soziokultureller Ort funktioniert. Die Stadt lehnt diese Option ab und argumentiert, dass sie das Gebiet nicht verbilligt abgeben kann, da damit der Gleichbehandlungsgrundsatz verletzt würde. Die verbilligte Abgabe wäre aber die Voraussetzung, um bezahlbare Wohn- und Gewerbeflächen erstellen zu können. Die Gängeviertel-Initiative hat verschiedene Lösungen des Konflikts vorgeschlagen: Die Genossenschaft könnte in einem ähnlichen

Modell wie im Mietshäusersyndikat Teileigentümerin gemeinsam mit der Stadt werden – ganz wie in den «selbstverwaltet & kommunalen» Ideen aus Berlin. Eine Lösung könnte auch ein Erbbaurechtsvertrag sein, durch den die Kosten gesenkt würden. Diese Vorschläge liegen seit einiger Zeit auf dem Tisch, die Stadt hat sich bisher noch nicht dazu geäußert. Bei der Eigentumsfrage scheint die Kooperationsbereitschaft allerdings am wenigsten stark ausgeprägt zu sein.

Die kooperative Stadtproduktion in diesem Ausmaß war nur möglich, weil eine breite Öffentlichkeit schon vor dem Verfahren Interesse an der Entwicklung zeigte und dieses Interesse durch stetige Öffentlichkeitsarbeit der Initiativen während des Verfahrens wachgehalten wurde. So konnte auch der Druck von außen aufrechterhalten werden, ohne den die Gängeviertel-Initiative zwischen den Ansprüchen der Stadt zerrieben worden wäre. Die Stadt ließ sich auf das kooperative Verfahren ein, weil die Aktivist_innen ihre Forderungen rhetorisch am stadtentwicklungspolitischen Leitbild der kreativen Stadt anschlossen. Diese wegweisende Kooperation bleibt in Hamburg bisher jedoch singulär, eine prinzipielle Abkehr von der neoliberalen Stadtpolitik ist in Hamburg nicht zu beobachten: «Insgesamt ist die Reaktion der Stadt Hamburg eher als eine einmalige und zeitlich begrenzte Befriedungsaktion zu verstehen denn als eine Anpassung des planerischen Handelns oder gar einer als Transformation der Verwaltungspraxis selbst» (Ziehl 2017: 47f).

Die Orientierung der Mieter_innenbewegung in Deutschland auf die Integration selbstverwalteter und kommunaler Strukturen findet einige Entsprechungen in neuen munizipalistischen Bewegungen, wie sie vor allem in südeuropäischen Städten aktiv sind (Vollmer 2017, Brunner et al. 2017). Munizipalistische Bewegungen streben es an, lokale Institutionen (wieder) auf das Gemeinwohl auszurichten und ein neues Verhältnis zwischen lokaler Regierung und sozialer Bewegung zu etablieren. Dafür gehen sie teilweise selbst als Wahlplattformen in Stadtparlamente und Regierungen. Wie die Mieter_innenproteste reagieren munizipalistische Bewegungen auf eine tiefgreifende ökonomische und gesellschaftliche Krise. Ihr Ansatzpunkt ist die lokale Ebene, denn hier werden Ungleichheiten unmittelbar erfahren, hier manifestieren sich alltägliche Kämpfe, hier sind auch die staatlichen Institutionen angesiedelt, mit denen Menschen im Alltag in Kontakt kommen, und hier können schließlich konkrete Alternativen im Kleinen entwickelt werden. Lokale Institutionen sollen durch die Einführung von Mitbestimmung und Selbstverwaltung demokratisiert werden und so zu einer allgemeinen Demokratisierung von Gesellschaft beitragen. Soziale Bewegungen sollen nicht länger ignoriert oder eingehegt werden, sondern Stadtregierungen müssen umgekehrt als ermächtigende Strukturen für soziale Bewegungen dienen. Munizipalistische Bewegungen wollen nicht einfach in Stadtregierungen als neue Parteien oder Wahlplattformen aufgehen, sondern stets innerhalb und außerhalb der Institutionen wirken. Der Druck der Straße muss aufrechterhalten werden. Ziel ist es, Demokratie und Partizipation zu radikalisieren und so der neoliberalen Hegemonie und dem Rechtspopulismus eine Alternative entgegen zu setzen.

Die zahlreichen Mieter_innenproteste, die sich gegen Gentrifizierungsprozesse und die Inwertsetzung der Stadt zur Wehr setzen, kämpfen nicht nur gegen ihre Verdrängung. In ihnen werden auch Alternativen für eine gerechtere Gesellschaft im Kleinen erprobt und sichtbar.

Fazit: Gentrifizierung verstehen, Gentrifizierung bekämpfen

Gentrifizierung ist ein umstrittener Begriff. In vielen öffentlichen wie wissenschaftlichen Debatten wird Gentrifizierung als natürliche Entwicklung dargestellt, gegen die man nichts machen kann. Wahlweise werden Hipster, Schwaben oder Touristen für Mietsteigerungen und Verdrängung verantwortlich gemacht, anstatt die wirklich Verantwortlichen zu benennen (Jensen/Schipper 2018). Durch dieses Verständnis werden politische Ohnmacht suggeriert und moralische Schuldzuweisungen generiert – wahlweise gegen andere oder gegen sich selbst als angebliche_r Pionier_in der Gentrifizierung. Die kritische Stadtforschung hat dagegen eine Definition von Gentrifizierung anzubieten, mit der ein kritisches und politisch ermächtigendes Verständnis möglich ist: Gentrifizierung ist nicht unabwendbar, hinter Mietsteigerung und Verdrängung stehen vielmehr konkrete Interessen. Etwa die von immobilienwirtschaftlichen Akteuren und/oder von Regierungen, die mit ihr Bevölkerungspolitik betreiben. Dieses Verständnis von Gentrifizierung entlässt einen nicht in die Ohnmacht oder moralische Schuldzuweisungen, sondern erzeugt politische Handlungsfähigkeit. Als Einzelpersonen, als Aktivist_innen, als stadtpolitische Initiativen ist es möglich, Gentrifizierung zu bekämpfen. Auch die Regierungen entlässt dieses kritische Verständnis nicht aus der Verantwortung. Auch wenn es angesichts der Übermacht der Immobilienwirtschaft und der neoliberalen Ideen in der Politik so scheinen mag: Mieten müssen nicht steigen, Verdrängung kann verhindert werden, eine lebenswerte Stadt für alle ist möglich. An Ideen, wie eine bessere Wohnungspolitik aussehen kann, mangelt es nicht – am politischen Willen, diese umzusetzen, allerdings schon.

Die Möglichkeit einer gerechten und lebenswerten Stadt muss gegen zahlreiche Widerstände durchgesetzt werden: Globale und lokale Immobilienverwerter werden nicht so einfach von ihrem Betongold ablassen, Parteien nicht mit einem Schlag ihre Verflechtungen mit diesen Akteuren lösen, über Jahrzehnte eingeübte unternehmerische Stadtpolitiken und Handlungsrationalitäten können nicht über Nacht aus den Verwaltungen verschwinden. Deshalb ist die Selbstorganisation der betroffenen Mieter_innen die Voraussetzung, um den Kampf gegen Gentrifizierung aufzunehmen. Dieses Buch hat verschiedene Strategien dargestellt, mit denen dieser Kampf bereits geführt wird. Für Mieter_innen ist es essentiell, aus der unmittelbaren Betroffenheit von Verdrängung zunächst ein strukturelles Verständnis ihrer Situation zu entwickeln. Es gilt die Mieterhöhung, Zwangsräumungsandrohung oder das verschimmelnde Treppenhaus als Ausdruck eines Wohnungs*marktes* zu verstehen, statt als individuelles Schicksal. Erst dann ist es möglich, die Betroffenheit über den Einzelfall hinaus zu kollektivieren und darüber die Wohnungsfrage zu politisieren. Diese Wohnungsfrage kann in unterschiedlichen Städten unterschiedliche Ausprägungen annehmen. Es gilt also, die lokale Situation zu analysieren.

Für politische Aktivist_innen, die sich für ein Recht auf Stadt einsetzen möchten, ist es wichtig, die eigene habituelle Komfortzone zu verlassen und sich auf betroffene Nachbar_innen, ihre Situation und ihre Sichtweisen einzulassen. Ein Treffen mit betroffenen Mieter_innen läuft anders ab als das Plenum der Politgruppe. Das Bedürfnis, die eigene Lage zu beklagen, mag zu Anfang im Vordergrund stehen und nicht eine Debatte der politischen Ökonomie der Grundrente. Sich gemeinsam mit Mieter_innen zu organisieren, erfordert einen langen Atem und nicht ein kurzes «Reinintervenieren». Soziale Kämpfe verantwortungsvoll zu führen und zu politisieren, geht nicht mit kurzfristigem Engagement. Wer bereit ist, sich einzulassen, wird mit neuen Erfahrungen und Horizonterweiterung belohnt.

Nach der ersten Phase der Organisation und Politisierung von Mieter_innenkämpfen ist es oft nicht leicht, die Abwehrkämpfe produktiv zu wenden. Um nicht in der Defensive hängen zu bleiben, ist es aber wichtig, aus den Mieter_innenorganisationen heraus positive Vorstellungen von Wohnungspolitik und Stadt zu entwickeln. Auch wenn es eigentlich die Aufgabe von bezahlten Politiker_innen ist, gemeinwohlorientierte Vorschläge und Gesetze auszuarbeiten – und sie immer wieder daran erinnert werden sollten – ist die Erfahrung vieler Mieter_innen: Alles muss man selber machen. Auch wenn Veränderungsprozesse in der lokalen Politik angestoßen sind, muss auch deren Umsetzung weiter mit politischem Druck von unten begleitet werden. Zu eingefahren sind die Kanäle der Einflussnahme von immobilienwirtschaftlichen Interessensgruppen.

Entlang des Wegs der Mieter_innenorganisation lauern viele Gefahren: Politische Energie verpufft in aufwendigen Partizipationsverfahren, die eher an Beschäftigungstherapie erinnern; beim Versuch, Einfluss auf regierende oder oppositionelle Parteien zu nehmen, droht die Instrumentalisierung der eigenen Legitimität und Ideen; bei Prozessen der kooperativen Stadtentwicklung ist es schwierig, gleichzeitig Öffentlichkeit und Druck von unten für die eigenen Forderungen herzustellen. Navigiert man diese zahlreichen politischen Fallen, kann es aber gelingen, konkrete materielle Verbesserungen für diejenigen zu erstreiten, die auf vielfache Weise von der Gesellschaft ausgeschlossen sind und damit die soziale Frage zu stellen. Und es kann gelingen, selbst zu beanspruchen das Gemeinwohl zu repräsentieren und diesen Anspruch damit den Regierungen abspenstig zu machen.

Literatur

Aglietta, Michel (2000): Ein neues Akkumulationsregime. Die Regulationstheorie auf dem Prüfstand. Hamburg: VSA.

Aguilera, Thomas / Artioli, Francesca / Colomb, Claire (2017): Holiday rentals, the «right to regulate» and the cities' capacity to do so: Comparing regulatory measures and policy instruments in European cities. Presentation. RC21 Conference, Leeds.

Animento, Stefania (2015): Moving forward, heading North. Post-crisis migration of young Southern Europeans to Berlin. Paper presented at the RC21 Conference, Urbino.

Arbeitskreis Umstrukturierung Wilhelmsburg (Hg.) (2013): Unternehmen Wilhelmsburg. Stadtentwicklung im Zeichen von IBA und igs. Berlin: Assoziation A.

Atkinson, Rowland (2000): The hidden costs of gentrification: Displacement in central London. In: Journal of Housing and the Built Environment 15/4, 307–326.

Atkinson, Rowland / Bridge, Gary (2005): Gentrification in a global perspective. The new urban colonialism. London: Routledge.

Basta Erwerbsloseninitative Berlin Wedding (2016): Die Hegemonie gewinnen. Basisorganisierung von Erwerbslosen und Prekären. In: Arranca! 49.

Beauregard, Robert A. (1986): The Chaos and Complexity of Gentrification. In: Neil Smith / P. Williams (Hg.), Gentrification of the city. London: Unwin Hyman, 35–55.

Bernt, Matthias (2003): Rübergeklappt. Die «behutsame Stadterneuerung» im Berlin der 90er-Jahre. Berlin: Schelzky & Jeep.

Bernt, Matthias / Holm, Andrej (2010): Is it, or is not? The conceptualisation of gentrification and displacement and its political implications in the case of Berlin-Prenzlauer Berg. In: City 13/2–3, 312–324.

Best, Ulrich / Gebhardt, Dirk (2001): Ghetto-Diskurse. Geographie der Stigmatisierung in Marseille und Berlin. Potsdam: Universitätsverlag.

Birke, Peter (2014): Autonome Sehenswürdigkeit. Die Rote Flora und die Hamburger Stadtentwicklung seit den späten 1980er-Jahren. In: Sozial.Geschichte online 13, 80–104.

Birke, Peter / Hohenstatt, Florian / Rinn, Moritz (2015): Gentrifizierung, Aktivismus und «Rollenspiele». Erfahrungen am Hamburger Stadtrand. In: Sozial.Geschichte online 16, 53–88.

Bizim Kiez (o.J.): Was ist Bizim Kiez? Online abrufbar: http://www.bizim-kiez.de/ (zuletzt: 16.2.2017).

Blasius, Jörg / Dangschat, Jens S. (1990): Gentrification. Die Aufwertung innenstadtnaher Wohnviertel. Frankfurt/M u. a.: Campus.

Boltanski, Luc / Chiapello, Ève (2003): Der neue Geist des Kapitalismus. Konstanz: UVK.

Bradbury, Alexandra / Brenner, Mark / Slaughter, Jane (2017): Geheimnisse einer erfolgreichen OrganizerIn. Stuttgart: Schmetterling.

Breckner, Ingrid (2010): Gentrifizierung im 21. Jahrhundert. In: APuZ 17, 27–32.

Brenner, Neil / Theodore, Nik (2002): Cities and the Geographies of «Actually Existing Neoliberalism». In: Antipode 34/3, 349–379.

Brunner, Christoph / Kubaczek, Niki / Mulvaney, Kelly / Raunig, Gerald (Hg.) (2017): Die neuen Munizipalismen. Soziale Bewegung und die Regierung der Städte. Wien: transversal texts.

Bürkner, Hans-Joachim (2014): Segregation. In: Bernd Belina / Matthias Naumann / Anke Strüver (Hg.), Handbuch kritische Stadtgeographie. Münster: Westfälisches Dampfboot, 108–113.

Butler, Tim / Robson, Garry (2003): London calling. The middle classes and the re-making of inner London. Oxford, New York: Berg.

Clark, Eric (1992): On Blindness, Centrepieces and Complementarity in Gentrification Theory. In: Transactions of the Institute of British Geographers 17/3, 358.

Clark, John (2007): Die Neuerfindung der Community? Regieren in umkämpften Räumen. In: Fabian Kessl / Hans-Uwe Otto (Hg.), Territorialisierung des Sozialen. Regieren über soziale Nahräume. Opladen: Barbara Budrich, 57–79.

Colomb, Claire / Novy, Johannes (2017): Protest and resistance in the tourist city. London and New York: Routledge.

Czenki, Margit (1999): Die Wünsche werden die Wohnung verlassen und auf die Straße gehen. Spielfilm.

Dangschat, Jens S. (1988a): Gentrification. Der Wandel innenstadtnaher Wohnviertel. In: Jürgen Friedrichs (Hg.), Soziologische Stadtforschung. Wiesbaden: VS Verlag für Sozialwissenschaften, 272–292.

Dangschat, Jens S. (1988b): Gentrification. Der Wandel innenstadtnaher Wohnviertel. In: Jürgen Friedrichs (Hg.), Soziologische Stadtforschung. Wiesbaden: VS Verlag für Sozialwissenschaften, 272–292.

Davidson, Mark / Lees, Loretta (2005): New-Build «Gentrification» and London's Riverside Renaissance. In: Environment and Planning A 37/7, 1165–1190.

Demirović, Alex / Sablowski, Thomas (2013): Finanzdominierte Akkumulation und die Krise in Europa. In: Atzmüller, Roland/Becker/Joachim/Brandt, Ulrich / Lukas Oberndorfer / Vanessa Redak / Thomas Sablowski (Hg.), Fit für die Krise? Perspektiven der Regulationstheorie. Münster: Westfälisches Dampfboot, 187–238.

Der Regierende Bürgermeister Senatskanzlei (2013): Soziale Zusammenhalt für Großsiedlungen wichtig. Senat behandelt Programm für 2014.

Dzudzek, Iris (2016): Kreativpolitik. Über die Machteffekte einer neuen Regierungsform des Städtischen. Bielefeld: transcript.

Endres, Tashy (2015): Widerstand und Macht. Wer partizipiert bei wem? In: Arno Brandlhuber / Florian Hertweck / Thomas Mayfried (Hg.), The dialogic city. Berlin wird Berlin. Köln: Buchhandlung Walther König, 521–548.

Engartner, Tim (2016): Staat im Ausverkauf. Frankfurt/Main u. a.: Campus.

Engels, Friedrich (1976): Zur Wohnungsfrage. In: Karl Marx / Friedrich Engels (Hg.), Werke. Bd.18. Berlin, 209–287.

Fainstein, Susan S. / Hoffman, Lily M. / Judd, Dennis R. (2003): Introduction. In: Lily M. Hoffman / Susan S. Fainstein / Dennis R. Judd (Hg.), Cities and Visitors. Oxford, UK: Blackwell Publishing, 1–21.

Farwick, Andreas (2012): Segregation. In: Frank Eckardt (Hg.), Handbuch Stadtsoziologie. Wiesbaden: VS Verlag für Sozialwissenschaften, 381–419.

Florida, Richard (2002): The rise of the creative class. Revisted. New York: Basic Books.

Frank, Susanne (2013): Innere Suburbanisierung? Mittelschichteltern in den neuen innerstädtischen Familienenklaven. In: Martin Kronauer / Walter Siebel (Hg.), Polarisierte Städte. Soziale Ungleichheit als Herausforderung für die Stadtpolitik. Frankfurt/Main u. a.: Campus Verlag, 69–89.

Frank, Susanne (2014): Mittelschichtfamilien als Adressaten und Motoren der Stadt- und Quartiersentwicklung. In: Informationen zur Raumentwicklung 4, 361–371.

Frank, Susanne (2017a): «Ein bisschen Gentrifizierung täte dem Ruhrgebiet ganz gut!» – Diskussionen um Aufwertung und Verdrängung am Beispiel Dortmund. In: Joachim Scharioth / Jörg-Peter Schräpler (Hg.), Wege zur Metropole Ruhr – Heimat im Wandel. Das Ruhrgebiet gestern, heute, morgen. Essen: Klartext, 112–114.

Frank, Susanne (2017b): Gentrifizierung und neue Mittelschichten. Drei Phasen eines wechselseitigen Verhältnisses. In: Barbara Schönig / Justin Kadi / Sebastian Schipper (Hg.), Wohnraum für alle?! Perspektiven auf Planung, Politik und Architektur. Bielefeld: transcript, 87–100.

Fraser, James C. / DeFillipis, James / Bazuin, Joshua (2012): HOPE VI: Calling for modesty in ist claims. In: Gary Bridge / Tim Butler / Loretta Lees (Hg.), Mixed communities. Gentrification by stealth? Bristol: Policy Press, 209–232.

Friedrichs, Jürgen (2000): Gentrification. In: Hartmut Häußermann (Hg.), Großstadt. Soziologische Stichworte. Opladen: Leske + Budrich, 57–66.

Friedrichs, Jürgen / Blasius, Jörg (2016): Gentrifizierung in Köln. Soziale, ökonomische, funktionale und symbolische Aufwertungen. Opladen: Barbara Budrich.

Friedrichs, Jürgen / Kecskes, Robert (Hg.) (1996): Gentrification. Theorie und Forschungsergebnisse. Wiesbaden: VS.

Füller, Henning / Michel, Boris (2014): «Stop Being a Tourist!» New Dynamics of Urban Tourism in Berlin-Kreuzberg. In: International Journal of Urban and Regional Research 38/4, 1304–1318.

Füllner, Jonas / Templin, David (2011): Stadtplanung von unten. Die «Recht auf Stadt»-Bewegung in Hamburg. In: Andrej Holm (Hg.), Initiativen für ein Recht auf Stadt. Theorie und Praxis städtischer Aneignungen. Hamburg: VSA., 79–104.

Gängeviertel (Hg.) (2012): Mehr als ein Viertel. Ansichten und Absichten aus dem Hamburger Gängeviertel. Berlin: Assoziation A.

Gängeviertel e.V. (2017): Erbaurecht jetzt! Online abrufbar: http://das-gaengeviertel.info/neues/details/article/erbbaurecht-jetzt.html (zuletzt: 23.4.2018).

Glass, Ruth (1964): London: Aspects of Change. London: MacGibbon & Kee.

Grüne Fraktion Leipzig (2017): Bericht der Ratsversammlung vom 21. Juni 2017.

Habermann, Tina / Hohenstatt, Florian (2013): Im Schatten der Bauausstellung. Proteste und Perspektiven gegen unwürdiges Wohnen bei der GAGFAH. In: Arbeitskreis Umstrukturierung Wilhelmsburg (Hg.), Unternehmen Wilhelmsburg. Stadtentwicklung im Zeichen von IBA und igs. Berlin: Assoziation A, 96–104.

Habermas, Jürgen (1981): Theorie des kommunikativen Handelns. Frankfurt/Main: Suhrkamp.

Hackworth, Jason / Smith, Neil (2001): The changing state of gentrification. In: Tijdschrift voor Economische en Sociale Geografie 92/4, 464–477.

Hanauske, Dieter (1995): Bauen, bauen, bauen! Die Wohnungspolitik in Berlin (West) 1945–1961. Berlin: Akademie Verlag.

Harvey, David (1982): The Limits to Capital. Oxford: Blackwell.

Harvey, David (2009 [1973]): Social justice and the city. Athens: University of Georgia Press.

Harvey, David (2012): Spaces of capital. Towards a critical geography. New York: Routledge.

Harvey, David (2016): Rebellische Städte. Vom Recht auf Stadt zur urbanen Revolution. Berlin: Suhrkamp.

Haus- und WagenRat e.V. (o.J.): Selbstorganisierte Räume für eine solidarische Stadt. Online abrufbar: http://hwr-leipzig.org/politik-positionen/ (zuletzt: 23.4.2018).

Häußermann, Hartmut / Siebel, Walter (1987): Neue Urbanität. Frankfurt/Main: Suhrkamp.

Heeg, Susanne (2013): Baulöwen, Spekulationshaie und Heuschrecken. Die gebaute Umwelt abseits tierischer Erklärungsmuster. In: Roland Atzmüller / Joachim Becker / Ulrich Brandt / Lukas Oberndorfer /

Vanessa Redak / Thomas Sablowski (Hg.), Fit für die Krise? Perspektiven der Regulationstheorie. Münster: Westfälisches Dampfboot, 258–284.

Helbrecht, Ilse (Hg.) (2016): Gentrifizierung in Berlin. Bielefeld: transcript.

Hilbrandt, Hanna (2016): Insurgent participation. Consensus and contestation in planning the redevelopment of Berlin-Tempelhof airport. In: Urban Geography 38/4, 537–556.

Hohenstatt, Florian / Rinn, Moritz (2013): Festivalisierte Problembearbeitung. Die bevölkerungspolitische Strategie der IBA Hamburg, die Abwesenheit Sozialer Arbeit in der Stadtentwicklungspolitik und die Effekte auf Wohnverhältnisse in Wilhelmsburg. In: Widersprüche 127, 23–38.

Holm, Andrej (2002): Stadterneuerung in Ostberlin: Wer bleibt, wer geht und vor allem warum? Prozessual bedingte Differenzierung von Beteiligungschancen an der Stadterneuerung. In: Christine Hannemann / Sigrun Kabisch / Christine Weiske (Hg.), Neue Länder – Neue Sitten? Transformationsprozesse in Städten und Regionen Ostdeutschlands. Berlin: Schiler, 184–205.

Holm, Andrej (2009a): Gentrifizierung und Kultur: Zur Logik kulturell vermittelter Aufwertungsprozesse. In: Jahrbuch Stadtregion 10, 64–82.

Holm, Andrej (2009b): Soziale Mischung. Zur Entstehung und Funktion eines Mythos. In: Forum Wissenschaft 1.

Holm, Andrej (2010a): Townhouses, Urban Village, Car Loft Berliner Luxuswohnanlagen als «dritte Welle» der Gentrification. In: Geographische Zeitschrift 98/2, 100–115.

Holm, Andrej (2010b): Wir Bleiben Alle! Gentrifizierung – städtische Konflikte um Aufwertung und Verdrängung. Münster: Unrast.

Holm, Andrej (2012): Tourismus, Tourismuskritik und Kritik an der Tourismuskritik. Online abrufbar: https://gentrificationblog.wordpress.com/2012/08/16/berlin-tourismus-tourismuskritik-und-kritik-an-der-tourismuskritik/ (zuletzt: 23.4.2018).

Holm, Andrej (2013): Berlin's Gentrification Mainstream. In: Matthias Bernt / Britta Grell / Andrej Holm (Hg.), The Berlin reader. A compendium on urban change and activism. Bielefeld: transcript, 171–187.

Holm, Andrej (2014a): Feigenblatt Mietpreisbremse. In: Blätter für deutsche und internationale Politik 5, 20–22.

Holm, Andrej (2014b): Gentrification. In: Bernd Belina / Matthias Naumann / Anke Strüver (Hg.), Handbuch kritische Stadtgeographie. Münster: Westfälisches Dampfboot, 102–107.

Holm, Andrej (2016): Wie verändert Airbnb den Wohnungsmarkt? Eine Politische Ökonomie der Ferienwohnungen am Beispiel Berlin. In: ak – analyse & kritik – zeitung für linke Debatte und Praxis 617.

Holm, Andrej / Hamann, Ulrike / Kaltenborn, Sandy (2016): Die Legende vom Sozialen Wohnungsbau. Berlin u. a.: Berliner Hefte zu Geschichte und Gegenwart der Stadt.

Holm, Andrej / Horlitz, Sabine / Jensen, Inga (2015): Neue Gemeinnützigkeit. Gemeinwohlorientierung in der Wohnungsversorgung. Arbeitsstudie im Auftrag der Fraktion DIE LINKE. im Deutschen Bundestag.

Holm, Andrej / Schulz, Guido (2016): GentriMap. Ein Messmodell für Gentrifizierung und Verdrängung. In: Ilse Helbrecht (Hg.), Gentrifizierung in Berlin. Bielefeld: transcript, 287–318.

Horlitz, Sabine (2017): Community Land Trusts in den USA. Strukturen und Tendenzen. In: Barbara Schönig / Justin Kadi / Sebastian Schipper (Hg.), Wohnraum für alle?! Perspektiven auf Planung, Politik und Architektur. Bielefeld: transcript, 281–296.

Huning, Sandra / Schuster, Nina (2015): «Social Mixing» or «Gentrification»? Contradictory Perspectives on Urban Change in the Berlin District of Neukölln. In: International Journal of Urban and Regional Research 39/4, 738–755.

Interventionistische Linke Berlin Stadt AG (2018): Das Rote Berlin. Strategien für eine sozialistische Stadt. Online abrufbar: http://interventionistische-linke.org/beitrag/das-rote-berlin (zuletzt: 23.4.2018).

Jencks, Christopher / Peterson, Paul E. (1991): The urban underclass. Washington: Brookings Institution.

Jense, Inga / Schipper, Sebastian (2018): Jenseits von schwäbischen Spätzlemanufakturen und kiezigen Kneipen – polit-ökonomische Perspektiven auf Gentrifizierung, in: PROKLA 191, S. 317–324.

Jörg, Steffen / Schuster, Nina (2014): Von der Melkmaschine St. Pauli zu Utopia? St. Pauli selber machen! In: sub/urban. zeitschrift für kritische stadtforschung 2/1, 151–166.

Keller, Carsten (2013): Armut in der Stadt. Zur Segregation benachteiligter Gruppen in Deutschland. Opladen: VS.

Komm in die Gänge (2010): Zukunftskonzept für das Gängeviertel. Online abrufbar: http://das-gaengeviertel.info/gaengeviertel/zukunftskonzept.html (zuletzt: 23.4.2018).

Kotti & Co (2012a): Das Problem heißt Rassismus. Online abrufbar: https://kottiundco.net/2012/11/05/das-problem-heisst-rassismus-demonstration/ (zuletzt: 23.4.2018).

Kotti & Co (2012b): Hintergrund. Online abrufbar: https://kottiundco.net/hintergrund/ (zuletzt: 23.4.2018).

Kotti & Co (2012c): Merhaba, Salam und schönen guten Tag. Online abrufbar: https://kottiundco.net/2012/08/03/merhaba-salam-und-schonen-guten-tag/ (zuletzt: 23.4.2018).

Kotti & Co (2012d): Rassismus und Verdrängung in Stichpunkten. Online abrufbar: https://kottiundco.net/2012/08/16/rassismus-verdrangung-in-stichpunkten (zuletzt: 23.4.2018).

Kotti & Co (2012e): Wer wir sind… Online abrufbar: https://kottiundco.net/wer-wir-sind/ (zuletzt: 23.4.2018).

Kotti & Co (2013a): Für ein Camp der Geflüchteten. Online abrufbar: https://kottiundco.net/2013/06/25/fur-ein-camp-der-refugees-in-kreuzberg/ (zuletzt: 23.4.2018).

Kotti & Co (2013b): Rede zum TCSD 2013. Online abrufbar: https://kottiundco.net/2013/07/29/rede-zum-tcsd-2013/ (zuletzt: 23.4.2018).

Kotti & Co (2013c): Sozialer Zusammenhalt durch steigende Mieten. Online abrufbar: https://kottiundco.net/2013/09/18/sozialer-zusammenhalt-durch-steigende-mieten/ (zuletzt: 23.4.2018).

Kotti & Co (2014): Rekommunalisierung Plus: Modellprojekt Kotti. In: Kotti & Co / sozialmieter.de / Selbstuniversität e.V (Hg.), Nichts läuft hier richtig. Informationen zum sozialen Wohnungsbau in Berlin, Online abrufbar: http://www.nichts-laeuft-hier-richtig.de/#rekomm_plus (zuletzt: 23.4.2018).

Kotti & Co (2016): Alles muss man selber machen. Multi-Layer-Organizing für eine soziale Wohnraumversorgung in Berlin. In: sub/urban. zeitschrift für kritische stadtforschung 4/2/3, 121–126.

Kotti & Co / Cruz, Teddy / Forman, Fonna (2015): Und Deswegen Sind Wir Hier. Leipzig: Spector Books.

Krätke, Stefan (1995): Stadt – Raum – Ökonomie. Einführung in aktuelle Problemfelder der Stadtökonomie und Wirtschaftsgeographie. Basel u.a.: Birkhäuser.

Krätke, Stefan (2010): «Creative Cities» and the Rise of the Dealer Class. A Critique of Richard Florida's Approach to Urban Theory. In: International Journal of Urban and Regional Research 34/4, 835–853.

Kratzsch, Claudia / Maruschke, Robert (2016): Basisorganisierung verändert die politische Landschaft. In: sub/urban. zeitschrift für kritische stadtforschung 4/2/3, 103–112.

Kronauer, Martin (2014): Autonomie in der Krise. In: Prokla 44/3, 432–443.

Kuhn, Armin (2014): Vom Häuserkampf zur neoliberalen Stadt. Besetzungsbewegungen in Berlin und Barcelona. Münster: Westfälisches Dampfboot.

Kuhnert, Jan / Leps, Olaf (2015): Neue Wohnungsgemeinnützigkeit. Wege zu langfristig preiswertem und zukunftsgerechtem Wohnraum. Studie im Auftrag der Bundestagsfraktion Bündnis 90 / Die Grünen.

Künkel, Jenny (2014): Das Quartier als revanchistische Stadtpolitik. Verdrängung des Sexgewerbes im Namen eines neoliberalen Konstrukts. In: Olaf Schnur (Hg.), Quartiersforschung. Zwischen Theorie und Praxis. Wiesbaden: VS, 201–224.

Landry, Charles (2000): The creative city. A toolkit for urban innovators. London: Earthscan.

Lang, Barbara (1998): Mythos Kreuzberg. Ethnographie eines Stadtteils: 1961–1995. Frankfurt/Main u. a.: Campus Verlag.

Lanz, Stephan (2000): «Der Staat verordnet die Zivilgesellschaft». In: Widersprüche 78 20 (4)/78, 39–51.

Lanz, Stephan (2009): Powerd by Quartiersmanagement. Füreinander Leben im «Problemkiez». In: Matthias Drilling / Olaf Schnur (Hg.), Governance der Quartiersentwicklung. Wiesbaden: VS, 219–225.

Lebuhn, Henrik (2007): Sozialräumliche Mikrokonflikte in der unternehmerischen Stadt: Eine Berliner Fallstudie über städtische Bewegungspolitik unter den Bedingungen von New Public Management. In: Prokla 37/4, 529–545.

Lebuhn, Henrik / Holm, Andrej / Junker, Stephan / Neitzel, Kevin (2017): Wohnverhältnisse in Deutschland. Eine Analyse der sozialen Lage in 77 Großstädten.

Lees, L. (2008): Gentrification and Social Mixing: Towards an Inclusive Urban Renaissance? In: Urban Studies 45/12, 2449–2470.

Lees, Loretta (2003): Super-gentrification. The Case of Brooklyn Heights, New York City. In: Urban Studies 40/12, 2487–2509.

Lees, Loretta / Shin, Hyun Bang / López-Morales, Ernesto (2016): Planetary Gentrification. Cambridge: John Wiley & Sons.

Lees, Loretta / Slater, Tom / Wyly, Elvin K. (2008): Gentrification. New York u. a.: Routledge.

Lefebvre, Henri (2016 (1968)): Das Recht auf Stadt. Hamburg: Edition Nautilus.

Ley, David (1996): The new middle class and the remaking of the central city. Oxford u. a.: Oxford University Press.

Madden, David J. / Marcuse, Peter (2016): In defense of housing. The politics of crisis. London u. a.: Verso.

Manley, David / van Ham, Maarten / Doherty, Joe (2012): Social Mix as a Cure for Neighborhood Effects: Evidence-based Policy or Urban Myth? In: Gary Bridge / Tim Butler / Loretta Lees (Hg.), Mixed communities. Gentrification by stealth? Bristol: Policy Press, 151–168.

Mann, Eric (2017): Transformatives Organizing. Ein Handbuch: 7 Bausteine, 12 Rollen, 16 Fähigkeiten. Köln: ISP.

Marcuse, Peter (1986): Abandonment, gentrification, and displacement. The linkages in New York City. In: Neil Smith / P. Williams (Hg.), Gentrification of the city. London: Unwin Hyman, 153–177.

Marcuse, Peter (1992): Gentrification und die wirtschaftliche Umstrukturierung New Yorks. In: Hans G. Helms (Hg.), Die Stadt als Gabentisch. Beobachtungen zwischen Manhattan und Berlin-Marzahn. Leipzig: Reclam, 80–90.

Maruschke, Robert (2014): Community Organizing. Zwischen Revolution und Herrschaftssicherung – Eine kritische Einführung. Münster: edition assemblage.

Mayer, Margit (2013): Urbane soziale Bewegungen in der neoliberalisierenden Stadt. In: sub/urban. zeitschrift für kritische stadtforschung 1/1, 155–168.

Mösgen, Andrea / Schipper, Sebastian (2017): Gentrifizierungsprozesse im Frankfurter Ostend. Stadtpolitische Aufwertungsstrategien und Zuzug der Europäischen Zentralbank. In: Raumforschung und Raumordnung | Spatial Research and Planning 75/2, 125–141.

Münch, Sybille (2010): Integration durch Wohnungspolitik? Zum Umgang mit ethnischer Segregation im europäischen Vergleich. Wiesbaden: VS.

Münch, Sybille (2014): Das «Mantra der Mischung»: Die Problematisierung von ethnischer Segregation in Deutschland und den Niederlanden. In: Paul Gans / Anne Ritzinger (Hg.), Räumliche Auswirkungen der internationalen Migration – Einführung. Hannover: Akademie für Raumforschung und Landesplanung, 327–343.

Neef, Rainer (1981): Kapitalistischer Wohnungsmarkt und die Krise des sozialen Wohnungsbaus. In: Soziale Welt 2/32, 219–248.

NION (2009): Not in Our Name, Marke Hamburg! Manifest. Online abrufbar: https://nionhh.wordpress.com/about/ (zuletzt: 23.4.2018).

Novy, Johannes (2017): «Destination» Berlin revisited. From (new) tourism towards a pentagon of mobility and place consumption. In: Tourism Geographies 1/1, 1–25.

Novy, Johannes / Colomb, Claire (2013): Struggling for the Right to the (Creative) City in Berlin and Hamburg. New Urban Social Movements, New «Spaces of Hope»? In: International Journal of Urban and Regional Research 37/5, 1816–1838.

Nowak, Peter (Hg.) (2013): Zwangsräumungen verhindern. Ob Nuriye ob Kalle, wir bleiben alle. Münster u. a.: edition assemblage.

Overmeyer, Klaus (2010): Kreatives Milieu und offene Räume in Hamburg. Hamburg.

Peck, Jamie (2012): Austerity urbanism. In: City 16/6, 626–655.

PlanBude (2015): St. Pauli-Code. Online abrufbar: http://planbude.de/st-pauli-code/ (zuletzt: 23.4.2018).

Poon, Auliana (1989): Competitive strategies for a «new tourism». In: Progress in Tourism, Recreation and Hospitality Management 1, 91–102.

Praum, Carsten (2016): Der Mythos der Bezahlbarkeit. Zur wohnungspolitischen Relevanz von Faustregeln. In: dérive. Zeitschift für Stadtforschung 65.

Purcell, Mark (2009): Resisting Neoliberalization. Communicative Planning or Counter-Hegemonic Movements? In: Planning Theory 8/2, 140–165.

Rinn, Moritz (2016): Konflikte um die Stadt für alle. Das Machtfeld der Stadtentwicklungspolitik in Hamburg. Münster: Westfälisches Dampfboot.

Rose, Nikolas (2000): Tod des Sozialen? Eine Neubestimmung der Grenzen des Regierens. In: Ulrich Bröckling / Susanne Krasmann / Thomas Lemke (Hg.), Gouvernementalität der Gegenwart. Studien zur Ökonomisierung des Sozialen. Frankfurt/Main: Suhrkamp, 72–109.

Rosol, Margit / Dzudzek, Iris (2014): Partizipative Planung. In: Bernd Belina / Matthias Naumann / Anke Strüver (Hg.), Handbuch kritische Stadtgeographie. Münster: Westfälisches Dampfboot, 212–217.

Rothe Ecke Kassel (2016): Organisierende Zentren am Beispiel einer Kampagne zum Nahverkehr in Kassel. In: sub/urban. zeitschrift für kritische stadtforschung 4/2/3, 127–130.

Runder Tisch Liegenschaftspolitik (2018): Erbbaurechte. Dokumentation der Expertenwerkstatt. Online abrufbar: http://www.exrotaprint.de/wp-content/uploads/2018/01/Erbbaurechtswerkstatt_Dokumentation.pdf (zuletzt: 23.4.2018).

Schade, Grit (2017): Das Berliner Modell der kooperativen Baulandentwicklung. In: Barbara Schönig / Justin Kadi / Sebastian Schipper (Hg.), Wohnraum für alle?! Perspektiven auf Planung, Politik und Architektur. Bielefeld: transcript, 231–242.

Schäfer, Christoph (2004): Die Stadt ist ungeschrieben. Urbane Erfahrungen und Gedanken, durch Park Fiction gesehen. In: Ralph Lindner / Christiane Mennicke / Silke Wagler (Hg.), Kunst im Stadtraum. Hegemonie und Öffentlichkeit. Dresden u. a.: B-books, 265–292.

Schipper, Sebastian (2013): Genealogie und Gegenwart der «unternehmerischen Stadt». Neoliberales Regieren in Frankfurt am Main 1960–2010. Münster: Westfälisches Dampfboot.

Schipper, Sebastian (2017): Zur politischen Ökonomie der Gentrifizierung. Warum kommt es zu Verdrängungsprozessen und wie lassen sich diese verhindern? In: Bernhard Emunds / Claudia Czingon / Michael Wolff (Hg.), Stadtluft macht reich/arm. Stadtentwicklung, soziale Ungleichheit und Raumgerechtigkeit. Weimar (Lahn) u. a.: Metropolis, 33–57.

Schipper, Sebastian / Wiegand, Felix (2015): Neubau-Gentrifizierung und globale Finanzkrise. Der Stadtteil Gallus in Frankfurt a.M. zwischen immobilienwirtschaftlichen Verwertungszyklen, stadtpolitischen Aufwertungsstrategien und sozialer Verdrängung. In: Sub\urban. Zeitschrift Für Kritische Stadtforschung 3/3, 7–32.

Schönig, Barbara (2013): Die neue Wohnungsfrage. In: Blätter für deutsche und internationale Politik 2013/2, 17–20.

Schönig, Barbara (2017): Sechs Thesen zur wiedermal «neuen Wohnungsfrage». Plädoyer für ein interdisziplinäres Gespräch. In: Barbara Schönig / Justin Kadi / Sebastian Schipper (Hg.), Wohnraum für alle?! Perspektiven auf Planung, Politik und Architektur. Bielefeld: transcript, 11–29.

Schubert, Dirk (2006): «Metropole Hamburg – wachsende Stadt»: Aufbruch zu neuen Ufern? In: Raumplanung 129, 237–242.

Silomon-Pflug, Felix (2018): Verwaltung der unternehmerischen Stadt. Zur neoliberalen Neuordnung von Liegenschaftspolitik und -verwaltung in Berlin und Frankfurt am Main. Bielefeld: transcript.

Slater, Tom (2006): The Eviction of Critical Perspectives from Gentrification Research. In: International Journal of Urban & Regional Res

(International Journal of Urban and Regional Research) 30/4, 737–757.

Smith, Neil (1979): Toward a Theory of Gentrification. A Back to the City Movement by Capital, not People. In: Journal of the American Planning Association 45/4, 538–548.

Smith, Neil / Williams, P. (Hg.) (1986): Gentrification of the city. London: Unwin Hyman.

St. Pauli selber machen (2017): Bericht zur außerordentlichen Stadtteilversammlung vom 20. Juli 2017. Online abrufbar: http://www.st-pauli-selber-machen.de/?p=24284 (zuletzt: 23.4.2018).

Stadt für Alle Bochum (2018): «Geht nicht gibt's nicht!» Das Bochumer Netzwerk «Stadt für Alle». Online abrufbar: http://www.realize-ruhrgebiet.de/2018/01/22/geht-nicht-gibts-nicht-das-bochumer-netzwerk-stadt-fuer-alle/ (zuletzt: 23.4.2018).

Stadt von Unten (2016): Lebenswerte Stadt für Alle – bezahlbare Mieten für Alle! Online abrufbar: https://stadtvonunten.de/erklaerung-lebenswerte-stadt-fuer-alle-bezahlbare-mieten-fuer-alle/ (zuletzt: 23.4.2018).

Stadt von Unten (2017a): Der Boden gehört uns allen. Online abrufbar: https://stadtvonunten.de/4696-2/ (zuletzt: 23.4.2018).

Stadt von Unten (2017b): Selbstverwaltet & Kommunal. Mit einem Modellprojekt für eine Stadt von unten. Online abrufbar: https://stadtvonunten.de/wp-content/uploads/2014/07/Modellprojekt-Selbstverwaltet-Kommunal-f%C3%BCr-Stadt-von-Unten.pdf (zuletzt: 23.4.2018).

Stadt von Unten (2017c): Wer plant die Planung? Ein Vorschlag. Kommentar zu Lucius Burckhardts «Wer plant die Planung?». In: sub/urban. zeitschrift für kritische stadtforschung 5/1/2, 153–162.

Stadt von Unten (2018): Bodenfrage ungelöst. Stadtentwicklung mit Visionen. Online abrufbar: https://stadtvonunten.de/pressemitteilung-vom-28-01-2017-bodenfrage-ungeloest-stadtentwicklung-mit-visionen/ (zuletzt: 23.4.2018).

Steigemann, Anna (2017): Offering «More»? How Store Owner and their Business build Neighborhood Social Life. Doktorarbeit an der Technischen Universität Berlin. Online abrufbar unter: https://depositonce.tu-berlin.de/bitstream/11303/6145/4/steigemann_anna.pdf (zuletzt: 23.4.2018).

Swyngedouw, Erik (2013): Die postpolitische Stadt. In: sub/urban. zeitschrift für kritische stadtforschung 1/2, 141–158.

Tribble, Renée / Wedler, Patricia / Katthagen, Volker (2017): PlanBude Hamburg. Kollektives Wissen als Grundlage von Stadtgestaltung. In: sub/urban. zeitschrift für kritische stadtforschung 5/1/2, 267–276.

Türkmen, Ceren (2015): The Fabric of Communities in Struggle. Moralische Ökonomie, Alltagswissen & Migration in den Kämpfen um die soziale Stadt. In: sub/urban. zeitschrift für kritische stadtforschung 3/3, 125–136.

Twickel, Christoph (2010): Gentrifidingsbums. Oder eine Stadt für alle. Hamburg: Ed. Nautilus.

Unger, Knut (2016): Anlageprodukt Wohnung. Die Finanzindustrialisierung der deutschen Wohnungswirtschaft. In: Widerspruch. Beiträge zur sozialistischen Politik 68, 91–103.

Vogelpohl, Anne (2012): Urbanes Alltagsleben. Zum Paradox von Differenzierung und Homogenisierung in Stadtquartieren. Wiesbaden: Springer VS.

Vogelpohl, Anne (2017): Modernisierung und Mietpreisbremse im Widerstreit. In: Uwe Altrock / Ronald Kunze (Hg.), Stadterneuerung und Armut. Wiesbaden: Springer, 271–290.

Vogelpohl, Anne / Vollmer, Lisa / Vittu, Elodie / Becht, Norma (2017): Die Repolitisierung des Wohnens. Städtische soziale Bewegungen für ein Recht auf Wohnen und die Stadt in Hamburg, Berlin, Jena und Leipzig. In: Barbara Schönig / Justin Kadi / Sebastian Schipper (Hg.), Wohnraum für alle?! Perspektiven auf Planung, Politik und Architektur. Bielefeld: transcript, 105–130.

Vollmer, Lisa (2015): Die Mieter_innenbewegung in Berlin zwischen lokalen Konflikten und globalen Widersprüchen. In: Sozial.Geschichte online 17, 51–82.

Vollmer, Lisa (2017): Keine Angst vor Alternativen. Ein neuer Munizipalismus. über den Kongress «FearlessCities», Barcelona 10./11. Juni 2017. In: sub/urban. zeitschrift für kritische stadtforschung 5/3, 147–156.

Vollmer, Lisa / Kadi, Justin (2018): Postneoliberaler Paradigmenwechsel oder punktuelle Beruhigungspolitik? Wohnungspolitik in der Krise des Neoliberalismus in Berlin und Wien. In: Prokla. Zeitschrift für kritische Sozialwissenschaften 191.

Wem gehört die ABG? (2015): Selbstverständnis. Online abrufbar: https://www.autistici.org/abgkampagne/?page_id=93 (zuletzt: 23.4.2018).

Wem gehört die ABG? (2016): Forderungskatalog der Frankfurter Initiativen von Mieterinnen & Mietern. Online abrufbar: https://www.autistici.org/abgkampagne/?page_id=1314 (zuletzt: 23.4.2018).

Wendt, Matthias (2018): «Weil es nur zusammen geht». Commons-basierte Selbstorganisation in der Leipziger Hausprojekteszene. Frankfurt: Campus.

Wieczorek, Wanda (2006): Park Fiction. Eine andauernde Geschichte der praktischen Stadtkritik. Online abrufbar: http://park-fiction.net/park-fiction-eine-andauernde-geschichte-der-praktischen-stadtkritik/ (zuletzt: 23.4.2018).

Wiegand, Felix (2014): David Harvey. Die Urbanisierung des Kapitals. In: Bernd Belina / Matthias Naumann / Anke Strüver (Hg.), Handbuch kritische Stadtgeographie. Münster: Westfälisches Dampfboot, 31–36.

Wiegand, Felix (2016): David Harveys urbane Politische Ökonomie. Ausgrabungen der Zukunft marxistischer Stadtforschung. Münster: Westfälisches Dampfboot.

Wilson, William Julius (1987): The truly disadvantaged. The inner city, the underclass, and public policy. Chicago u.a.: Univ. of Chicago Press.

Wir bleiben Alle (2015/2016): Debatte Mietenvolksentscheid. Online abrufbar: http://wirbleibenalle.org/?p=2967 (zuletzt: 23.4.2018).

Ziehl, Michael (2017): Zukunftsfähigkeit durch Kooperation. Ein Laborbericht aus dem Gängeviertel in Hamburg. Online abrufbar: http://urban-upcycling.de/wp-content/uploads/2017/05/Zukunftsfa%CC%88higkeit_durch_Kooperation_Laborbericht_Ga%CC%88ngeviertel_Ziehl.pdf (zuletzt: 23.4.2018).

Zukin, Sharon (1987): Gentrification. Culture and Capital in the Urban Core. In: Annual Review of Sociology 13, 129–147.

Zukin, Sharon (1990): Socio-Spatial Prototypes of a New Organization of Consumption. The Role of Real Cultural Capital. In: Sociology 24/1, 37–56.

Zukin, Sharon / Trujillo, Valerie / Frase, Peter / Jackson, Danielle / Recuber, Tim / Walker, Abraham (2009): New Retail Capital and Neighborhood Change. Boutiques and Gentrification in New York City. In: City & Community 8/1, 47–64.

Zweiter Mai (2016): Kommt ihr mit in den Alltag? Eine praktische Kritik an der Interventionistischen Linken und ein Mutmacher zum Andersmachen. In: Arranca! 49.

Merlin Wolf (Hrsg.)

Antifaschistische Pädagogik

298 Seiten, kartoniert, Euro 18.-
ISBN 978-3-86569-287-0

Der Aufstieg des Rechtspopulismus in Europa ist auch eine Niederlage der politischen Bildung. Bei der Entwicklung von Gegenstrategien kommt der Pädagogik eine wichtige Rolle zu: Wie umgehen mit autoritären Einstellungen? Der Sammelband setzt sich mit Pädagogik und Bildung aus antifaschistischer Perspektive kritisch auseinander. Die Autor*innen bilanzieren bisherige Versuche, erdenken neue Wege und diskutieren aktuelle Fragestellungen. Schließlich geben sie handfeste Tipps für die eigene pädagogische Arbeit.

Rudolf Stumberger

Das Raubtier und der rote Matrose

Fake-News, Orte und Ideologien der Revolution und Räterepublik in München 1918/19

163 Seiten, 30 Abbildungen,
Euro 15.-
ISBN 978-3-86569-289-4

Am 22. April 1919 marschierten mehr als zehntausend Angehörige der Roten Armee in Bayern durch die Münchner Ludwigstraße, vorbei an ihrem Kommandanten, dem roten Matrosen Rudolf Egelhofer – eines der vielen vergessenen und verdrängten Details in der Geschichte von Novemberrevolution 1918 und bayerischer Räterepublik 1919. Rudolf Stumberger lässt diese revolutionären Monate in fünf biographischen Skizzen lebendig werden.

Alibri Verlag, Fon (06021) 581 734, www.alibri.de

Alexandra Bradbury / Mark Brenner / Jane Slaughter:

Geheimnisse einer erfolgreichen Organizerin.

272 Seiten, kartoniert,
13,80 EUR,
ISBN 3-89657-155-9

Dieses Buch verrät 47 Geheimnisse des Organizing, die auf Erfahrungen und Erkenntnissen von Generationen von aktiven GewerkschaftlerInnen beruhen – veranschaulicht in Hunderten von wahren Geschichten und ergänzt durch zahlreiche praktische Hinweise, die bei einer erfolgreichen Nachbarschaftsarbeit, der Organisation von Mieter_innen.Initiativen uvam. helfen.

Dieses Buch stammt von «Labor Notes», ein US-amerikanisches Öffentlichkeits- und Organizing-Projekt, das seit 1979 Menschen eine Stimme gibt, die sich selbst organisieren wollen.

Dieses Buch wurde übersetzt von «OKG – Organisieren Kämpfen Gewinnen». OKG ist ein unabhängiger Bildungsverein zur Vernetzung betrieblicher Aktiver. Sie organisieren Erfahrungsaustausch von aktiven Kolleginnen und Kollegen über Regionen, Branchen und Gewerkschaftsgrenzen hinweg. OKG tritt ein für Gewerkschaftsdemokratie, gewerkschaftliche Stärke im Betrieb und internationale Zusammenarbeit. Sie bieten Workshops, Tagungen und individuelle Beratung an. Außerdem geben wir Broschüren und Handbücher für den betrieblichen Alltag heraus.

Hannah Arendt – Le
und politisches Denk

Alexandra Popp

Hannah Arendt

Eine Denkbiografie

229 Seiten, kartoniert, 12,80 EUR
ISBN 3-89657-020-X
Schmetterling Verlag

Bei Hannah Arendt gibt es einen engen Zusammenhang zwischen dem eigenen Erleben und den Themen, die sie behandelt. Dieses Verhältnis nimmt das Buch von Alexandra Popp als Leitfaden und erläutert das Werk von Hannah Arendt vor dem Hintergrund ihres Lebens. In einen biografischen Teil werden Themen angerissen, die für Arendts Denken später Bedeutung erlangen. Bei Arendts politischer Theorie liegt das Hauptaugenmerk liegt auf der Bedeutung der Pluralität für das menschliche Zusammenleben. Auch das für Arendt so wichtige Thema der Freiheit wird umfassend beleuchtet, genauso wie die berühmte These von der Arbeitsgesellschaft, der die Arbeit ausgeht.

Weiterhin stehen zwei konkrete politische Ereignisse im Mittelpunkt, mit denen Arendt sich befasste. Das erste von Arendts zentralen Themen ist der Totalitarismus und damit zusammenhängend die Erfahrung der systematischen Vernichtung von Menschen in Konzentrationslagern. Der zweite Themenkomplex, auf den Arendt Zeit ihres Lebens immer wieder zurück kommt, ist der Zusammenhang zwischen Revolutionen, Freiheitserfahrung und Gründung von Gemeinwesen aus dem Erleben des gemeinsamen Handelns heraus.

... hat die Autorin Alexandra Popp für alle, die sich erstmals mit Arendt befassen wollen, eine bestens lesbare, geradezu spannende Einführung verfasst. .... Nicht zuletzt erörtert der Band, in welcher Richtung Arendts Denken in der globalisierten Welt, die uns gegenwärtig durch die Flüchtlingskrise und den Terror des IS so nahe ist, wie nie zuvor, weiter zu entwickeln wäre.

Micha Brumlik in «Die Tageszeitung»

Kritik des bürgerlichen Rechts

Stefan Krauth

Kritik des Rechts

180 Seiten, kart., ISBN 3-89657-668-2, 12,00 EUR, Schmetterling Verlag

Im Mittelpunkt dieses Einführungsbandes steht der Begriff der «Rechtsform», d.h. der abstrakten, allgemeinen Herrschaft ohne Ansehung der Person als Errungenschaft der Bürgerlichen Gesellschaft, im Gegensatz zur unmittelbaren, persönlichen Herrschaft etwa durch persönlichen Befehl. Stefan Krauth rekapituliert die tragfähigen marxistischen Kritiken der Rechtsform, insbesondere Eugen Paschukanis und seine Darstellung von «Freiheit» und «Gleichheit» als materielle Notwendigkeit der warenproduzierenden Gesellschaft. Demnach ist Recht nicht als eigentlich neutrales Werkzeug, das in der Hand der Herrschenden pervertierte, zu verstehen, sondern als Form, in der sich die Reproduktion der Produktionsbedingungen bewegt.

Schließlich wird das Recht auf zwei Ebenen aus herrschaftskritischer Perspektive hinterfragt: Erstens als «objektive» Herrschaft abstrakter Allgemeinheit, die das Gesetz mechanisch anwendet und dabei ohne Ansehung von Hautfarbe und Geschlecht den stummen Zwang der Verhältnisse umsetzt und damit verselbstständigte gesellschaftliche Herrschaft am Leben hält, und zweitens als «subjektiver» Exzess der grundlosen, von keinem Kalkül gedeckten, aber dennoch in Rechtsform und als Willkür anzutreffenden Gewalt.

Die Einführung deckt alle Rechtsgebiete ab und ist theoretisch fundiert. Der Wert des Buches besteht darin, dass der Autor Kenntnisse im Rechtlichen mit breiten Kenntnissen im Bereich der Politischen Ökonomie vereinigt und viele im Mainstream unterbelichtete Aspekte in dankenswerte Weise aufarbeitet.

Daniel Uhlig in «Kritische Justiz. Vierteljahreszeitschrift für Recht und Politik»

Alexander Neupert-Doppler (Hg.)

Konkrete Utopien

Unsere Alternativen zum Nationalismus

381 Seiten, kart., 16,80 EUR,
ISBN 3-89657-199-0

Care-Revolution, Computer-Sozialismus, Demokratischer Konföderalismus, Kommunismus 2.0, Kommende Nachhaltigkeit, No Border, Recht auf Stadt, Post-Wachstum, Solidarity-Cities, Sozialistische Erziehung... Welche utopischen Ideen und Ansätze sind mit diesen Begriffen aus aktuellen politischen Debatten verbunden?

Dazu kommen hier Menschen aus kritischer Wissenschaft und politischen Bewegungen, aus Netzwerken, Gewerkschaften, Verbänden und Organisationen zu Wort, die etwas zur Frage nach konkreten Utopien heute beizutragen haben. so ist dieser Band eine Vertiefung des Buches «Utopie. Vom Roman zur Denkfigur» von 2015.

Ausgangspunkt sind die Funktionen von Utopie: «Funktion konkreter Utopie ist die subjektive Einsicht in objektive Möglichkeiten». «Nationalismus ist keine Alternative – die befreite Gesellschaft schon» heißt es bei bundesdeutschen Protesten gegen die Neue Rechte. Wie lässt sich Befreiung in Utopien antizipieren? Konkrete Utopien sind nach Ernst Bloch weder detailverliebte Zukunftsromane noch zurückgezogene Gemeinschaften, sondern gesamtgesellschaftliche Perspektiven. Es geht um die Frage, «wie wir leben wollen».

Autoren des Sammelbandes sind u.a.: Jan Hoff («Autonomie als emanzipatorisches Grundprinzip»), Korrektiv Negativ Leipzig («Emanzipatorische Theorie an der Hochschule»), Gisela Notz («Utopie und Genossenschaften»), Joachim Beerhorst («Arbeit und Utopie»), Interventionistische Linke Hannover («Gesundheitssystem vergesellschaften»), Boris Heile («Postwachstum als konkrete Utopie»), Hans-Ernst Schiller («Bloch und die Utopie des 20. Jahrhunderts»), Association debut d'histoire («Kommunismus als konkrete Utopie»), Bini Adamczak im Gespräch zu «Utopie und Trauerarbeit»...